JN059075

「BTS学」への招待

大学生と考えるBTSシンドローム

北九州市立大学 李東俊ゼミナール 編著

明石書店

目　次

第1章　BTS、君は誰？
──越境・横断・拡張するそのアイデンティティ

第2章　今、私たちの「心の地図」
──BTSという名の心理学

第3章　歌詞から読み取れる熾烈なヒューマニズムの物語

第4章　マーケティング戦略から見るBTSの売上方程式

プロローグ

「BTS学」へようこそ

李東俊

「Ladies and gentlemen, I got the medicine so you should keep ya eyes on the ball, huh」

(「紳士淑女の皆様、僕が魔法をかけよう、目を離さないで‼」)

　先の見えないパンデミックとの闘いに、世界中が暗鬱な雰囲気に沈んでいた2020年8月。韓国発の7人組グループBTS（防弾少年団）は初の全編英語曲「Dynamite」で、「昼でも夜でも　空は明るい　だから夜明けまで踊るんだ」と、弾けるように歌い、踊りながら、人々をダンスに誘った。このあまりに唐突で、何やらキラキラと輝くボーイズバンドが仕掛けた「魔法」にかかったのか。コロナ禍に苦戦を強いられていた世界中の人々、とりわけ「Z世代」の若者たちは、いきなり心の重しが外れたかのように、

―――――――――

　1　「Z世代」（Generation Z）とは、アメリカをはじめ世界各国において、

元気をもらったかのように、夜を照らす「ダイナマイト」の爆音に合わせて踊り出した。

このディスコミュージックはリリースからわずか24時間で、YouTube ミュージック・ビデオ（MV）の再生回数が1億100万回に達した。前代未聞の大記録で、BTSが公言した「魔法」の威力を計量的に物語った。また「Dynamite」は、ポピュラー音楽のヒットチャートを代表するビルボードのHOT 100で初登場1位となった。韓国人アーティストとしては史上初、アジア人としても「スキヤキ」の坂本九以来、57年ぶりの1位だった。

しかし、BTSが仕掛ける「魔法」は「Dynamite」発表以前からすでに「砂地に雨が降るごとく」世界中の若者の心にしみ入り、もはや単純に「音楽消費」と片付けて済むような次元をはるかに超えていた。数多くの受賞や音楽チャートで打ち立てた様々な新記録、そして彼らの音楽に対するとてつもない目標は、いまやポップ・カルチャーの世界では誰もが認める常識に属する。むしろ音楽ビジネス、ひいては大衆文化、もしかすると世界の景色自体が、BTS以前と以後とに分けられるほど、彼らの登場を境に劇的に変わっているのではないか。こうしたBTSの、BTSによる、そしてBTSをめぐる世の中の変化を、人々は「BTS現象」（BTS phenomenon）あるいは「BTSシンドローム」と呼ぶ。

概ね 1990 年代半ばから 2000 年代前半までに生まれた世代を指し、省略して「Gen Z」または「Gen Zers」とも呼ばれる。生まれながらにしてデジタル・ネイティブである初の世代である。「ジェネレーションY」（「Y世代」や「ミレニアル世代」とも）に続く世代であることから「Z」の名が付けられた。

BTSが「現象」であるのは、その影響がアルバム売上で測定されがちな音楽消費の領域にとどまらないからである。音楽だけでなくソーシャル・ネットワーキング・サービス（SNS）などを通じて拡散させた世代・文化・人種・言語・ジェンダーなどに対する革命的で前向きな考え方に、多くの人々が心を惹かれ、恐れや痛みを抱くのは人間としてむしろ当然であるという、ともすれば忘れられがちな「人の常」に改めて気づかされた。そして、そこから生まれる新たな考え方や文化に加えて、受容する方式自体も、新たな世界観の出現や、近未来の普遍的な新文明の兆候のようなものを感じさせたのである。

　　「『人生で一番必要としているときにBTSと出会った』という言葉
　　を多くの人から聞く。でも、実際にはその逆なのではないだろう
　　か……。彼らがあなたを見つけてくれるのだ。何もかもうまくい
　　かず、人生の目的を見失ってしまったかのような瞬間にあなたの
　　前に現れる。彼らには、そんな不思議な力がある。突然現れた彼
　　らは、あなたの手をとって起き上がらせてくれ、音楽と向き合え
　　るようにと力を貸してくれる。」（チャクラボーティ 2022, p.33）

　これは、大衆文化専門誌*Rolling Stone*インド版でシニアライターを務めるリディ・チャクラボーティ氏の告白であるが、いま我々は、氏のように、BTSとともに歩むことを誇りに思い、生涯にわたってBTSの「沼」で共生することを誓った人々による、人類史上もっとも切ない「嗜好共同体」を目の当たりにしている。BTSの熱狂的なファン集団・ARMY（アーミー）（Adorable

Representative M.C. for Youth；若者を代表する魅力的な進行役）は、国境や人種、言語などあらゆる障壁を越えて、世界中で生息するばかりか（ARMY is everywhere!）、その生態系を拡張し続けている。そして、もはやBTSについて語ることは、世界のどこでも「いまここ」を共有することを意味するようになった（金2022, p.254）。

　BTSは何者であり、いかにしてあれほど力強く、多様性に満ちたグローバルな現象を起こすことができたのだろうか。また、BTSの、BTSによる、BTSをめぐる様々な現象はそもそも何であり、それらは一体何を示唆するのか。本書は、こうした疑問点を幅広く、そして深く掘り下げていくための素朴な試みである。

「BTS学（BTSology）」を目指して

　実は、こうした本書の問題意識は、まったく新しい発想ではない。周りを見渡すと、BTSの「魔法」にかかり、知らず知らずにARMYになってしまった人々にしばしば出会う。しかし、彼らがBTSという「沼」に落ち、深くはまるまでの道程は、必ずしも平坦なものではなかった。BTSの曲を偶然に耳にする、MVを目にする。ネット検索でメンバーの詳細をチェックしてみる。そして、BTSが仕掛ける、さらには他のARMYたちがSNSなどを通して拡散するすさまじい分量のコンテンツに出会う。気づいた頃には、BTSと完全に同期化し、深い沼にはまったもう一つのBTS、自分自身を発見する。言い換えれば、BTSとARMYこそ、「BTS現象」の生き証人であり、もっとも精通したBTS専門家であり、研究者なのである。

　ARMYへの道程は、BTSに関する熾烈な「学習」と「探求」、

そして「共感」のプロセスにほかならない。Twitter や Instagram、YouTube、そして BTS が所属する音楽事務所 HYBE（ハイブ）のプラットフォーム「Weverse（ウィバース）」などでは、BTS メンバーと数千万人にも及ぶ ARMY 軍団が共演する「自発的な」発表や分析、討論が毎日のように披露される[2]。とりわけ ARMY は、ときには音楽メディアはもちろん、様々な「壁」や「権力」と闘いながら、BTS をめぐるあらゆる問題に対して巨大な集合知としての力を発揮する。

　この集合知は、ナショナリズムだけではなく、人種、宗教、ジェンダーなどに関わる様々な問題に対し、ときには SNS 上で激しく論争しながら、特定の集団間の対立を超えた知識と視点を共有していく（金 2022, p.256）。こうした BTS をめぐる集団知性の波は、生々しい「グローバル・アーカイブ」として蓄積されながら、より優れた知性とより洗練された物語を求めていく。しかも、BTS をめぐる学習・研究の生態系は今も、進化を続けている。

　この勢いは、学問や芸術の純粋性・正統性などにこだわりがちなアカデミズムの領域をも揺さぶっている。音楽学を筆頭とする芸術学はもちろん、文学、美術学、哲学、ジェンダー学、社会学、

2　2022 年 12 月 20 日現在、BTS は、公式 Twitter（@BTS_twt）で 4,799 万人、公式 Instagram（@bts.bighitofficial）で 7,000 万人のフォロワーをそれぞれ抱えている。BTS JAPAN オフィシャルの Twitter（@BTS_jp_official）フォロワー数は 1,354 万人、YouTube の BANGTANTV のチャンネル登録者数は 7,250 万人である。これらに加えて、BTS メンバー 7 人はそれぞれ 3,000 万人以上の Twitter や Instagram のフォロワー数を誇っている。

政治学、教育学、経営学、歴史学、人類学など、様々な分野の研究者たちがBTSをめぐる「現象」に関心を注ぎ始めた。これは、「BTS現象」がもはや「歌は世につれ世は歌につれ」の現代版に止まらず、大衆文化の生産・流通・消費形態に大激変をもたらす現実を無視できなかったからであろう。

　しかし、「BTS現象」に対する研究に着手した多くの研究者は当初、分析対象の膨大さや複雑さに遭遇して驚き、また、その拡張性に当惑するほかなかった。なぜなら「BTS現象」は、単に音楽ビジネスに波乱を起こした一筋の水脈ではなく、幾重にも輪を描いて、国や地域、人種を問わず文明的転換のうねりを予感させる力を秘めていたからである。

　ほぼ40年前にフランスの未来学者ジャック・アタリは、人間社会における可聴周波数である「ノイズ／音楽」の変化を経済的かつ文明論的視点から捉え直して注目されたが（Attali 1977）、いま世界の研究者は、BTSという若きスーパースターによるノイズ／音楽への新しいアプローチから、人類文明の新展開やその未来像を探り始めたのである。BTSは、デジタル空間での存在感を増しつつ、聴き手の人生に寄り添った音楽の物語を紡ぐことで、言葉や人種、国境といったあらゆる壁を越えて（ハーマン 2021, p.9）、「世界を征服し」「世界を変えて」[3]いったからである。

3　BTSが「世界を征服した」「世界を変えた」という表現は決して過言ではない。アメリカを代表する週刊誌 Time は 2018 年 10 月 22 日号のアジア版表紙で、BTS を「Next Generation Leader」（新世代のリーダー）と命名して以来、毎年 BTS 関連の特集を組んできた。とりわけ Time は 2021 年 1 月に「BTS: The K-Pop Band that Conquered the World」

2022年7月、韓国外国語大学・ソウルキャンパスにて開かれた、第3回BTS国際学術大会の様子。「BTS学」を求める学者たちのTwitterアカウント「@BangtanScholars」より（2022年7月17日）。

　2020年1月にイギリス・ロンドンにあるキングストン大学で2日間にわたって開かれた「BTS：A Global Interdisciplinary Conference」と題したBTS関連の初の大規模国際学術会議が「学際的」（interdisciplinary）研究を標榜したのは決して偶然ではない。「学際」とは、学問のある専門領域と、隣接する他の領域との協業を指すが、BTSや「BTS現象」を研究するうえでは、多くの学問領域の協業・融合が欠かせないことを物語る。

（BTS：世界を征服したK–POPバンド）というタイトルの特別号を発行した。これまで *Time* は「歴史上もっとも偉大なグループ」と言われるビートルズを除いて、いかなるスーパースターたちに対しても「世界を征服した」という賛辞の形容句を与えなかった（任2021年1月24日）。また、*Newsweek*（『ニューズウィーク』日本版）では、2020年12月1日付の特集号タイトルとして「BTSが変えた世界」を掲げている。

実際、同カンファレンスでは、世界30か国から集まった140人を超える「熱烈なARMYでもある研究者」たちが、BTSの音楽や映像コンテンツなどをあらゆる学問の視点から分析したのはもちろん、ファン文化、マーケティング、政治・外交、メディア、ジェンダーなどの多方面から「BTS現象」をより広くかつ深く理解するための「学際的」な研究交流を重ねた[4]。この国際会議は、2021年5月にアメリカのカリフォルニア州立大学ノースリッジ校で第2回が、2022年7月に韓国ソウルの韓国外国語大学で第3回目が、それぞれ盛況のうちに開催され、BTS研究のグローバルな盛り上がりを印象づけた。

　そればかりか、カリフォルニア大学バークレー校など、名だたる大学でも、BTSに関する正式講座が数年前から開設されている。修士・博士の学位論文はもちろん、関連研究書や論文も毎年、世界各地で数えきれないほど量産されている。BTSとARMYのみを専門的に取り上げる国際的な学術ジャーナル *The Rhizomatic Revolution Review*[5] も2020年10月から定期的に発行されている。日本の学術振興会に相当する韓国研究財団の「学術誌引用索引」

4　第1回BTS関連国際会議の詳しい内容は、イギリスのキングストン大学のホームページ（https://www.kingston.ac.uk/events/item/3428/04-jan-2020-bts-a-global-interdisciplinary-conference-project/）を参照。

5　この学術ジャーナルは、とりわけフランスの哲学者ジル・ドゥルーズのリゾーム（rhizome）理論を介して「BTS現象」を究明することに力を入れている。リゾームとは、フランス語で地下茎を意味し、上下関係ではなく地下で自由に広がり様々なものを生み出していくという概念である。詳しくは、当該ジャーナルのホームページ（https://ther3journal.com/）とLee（2019）を参照。

（KCI）データベースによれば、BTSを正式に取り上げた韓国内の学術論文は、2019年に22件と、前年の6件から3倍以上に増えた。2020年には27件、2021年には52件と、増勢は続いている。

　では、このように人文・社会科学、芸術、技術をまで網羅し、学際的なアプローチを強化しているBTS研究をどう名付けるべきだろうか。韓国紙『ハンギョレ新聞』は2020年12月26日付のカバーストーリーで、BTSをめぐる「前例のない」文化変動を「BTS革命」（BTS Revolution）と名付け、これを学術的に解明しようとする動きを「BTS学」（BTSology）と命名した。ポップアイドルのBTSとBTSをめぐる「現象」を研究する行為、さらにその行為を「BTS学」と規定することに対し、必ずしも好意的ではない研究者もいると思われるが、後述するとおり、BTSとARMYは、世の中に存在するそうした違和感の「壁」をすでに相当程度、乗り越えてきた。現に、アカデミズムの領域でBTSを研究対象にした学問は、ARMYのグローバルな拡散とも相まって、ますます盛り上がりつつある。

　本書は、こうした「BTS学」なるものの底辺を探る素朴な試みであり、北九州市立大学・外国語学部・国際関係学科に属する筆者のゼミ生17名が、2021年4月から2年間にわたって、チームを組んで「BTS学」を追究した成果物でもある。このゼミで取り上げた問題関心は概略的には、冒頭で述べたとおり、BTSの何が人々をこれほどまで夢中にさせるのか、そしてBTSをめぐる社会・文化現象をどのように理解すればよいのか、という2点に絞られる。

　これらの問いに向き合ううえでは、BTSの過去、そして今と

未来を彩る数多くのキーワードが浮かび上がるが、「学際的に」BTS学を探求する当ゼミで、研究の手掛かりとして着目した話題は、「リアルさ」(reality) と「共感」(empathy) という、一見平凡に聞こえる2つの概念であった。「リアルさ」がBTSの持つ魅力の源泉とすれば、「共感」はその魅力が世界に拡散していくメカニズムに相当すると言える。

「リアルさ」こそ、普遍性獲得の源

「He is real human being. I AM DYIINNGG」(彼はリアルな人間だ。私、もう死にそう)。

2019年10月、サウジアラビアを訪問したBTSメンバーを首都のリヤド空港で迎えた地元出身のある女子大学生はTwitterで気絶せんばかりの興奮を伝えた (大部 2021年6月16日)。なぜ21歳のムスリム女性は、BTSを「リアルな人間」と呼びながら、それほど興奮したのか。また、そもそも「リアルな人間」というのは何を意味するのだろうか。BTSメンバーが本当に「リアルな人間」なのかどうかを知る術はないが、少なくとも彼らが一貫して、「リアルさ」のようなものを真摯に追い求めてきた印象を強く受ける。

実存主義の代表的な哲学者とも言われるニーチェの著書『ツァラトゥストラはこう言った』で、ツァラトゥストラは、山中に籠もって「修行」を重ねた末に悟りを開き、「自分の価値を世の中に証明できる『超人』になれ」という知恵を人々に伝えるべく、俗世に下りてくる。BTSは、地下の練習室で不確かな未来への不安と対峙しながら、汗にまみれた日々を重ねて得た気づきを伝

えるべく、まるで21世紀のツァラトゥストラのように（車2018, p.53）、2013年6月13日に、新自由主義の支配する荒々しい現代の大衆消費社会にその姿を現した。

しかし、山から下りてきたばかりのツァラトゥストラもそうであったように、JIN（キム・ソクジン、29）、SUGA（ミン・ユンギ、29）、J-HOPE（チョン・ホソク、28）、RM（キム・ナムジュン、27）、V（キム・テヒョン、26）、JIMIN（パク・ジミン、26）、JUNGKOOK（チョン・ジョングク、24）の7人のキャリアの始まりは、まったく芳しいものではなかった。「防弾少年団」（Bulletproof Boy Scout）と名乗り、「若い世代へ向けられる抑圧や偏見を止め、自分たちの音楽を守り抜く」という彼らなりの熱い「志」に、俗世の人々はほとんど耳を貸そうとしなかったのである。

音楽的な魅力においてもBTSは、さほど目立たなかった。BTSは、ダンスとエレクトロポップ指向の数多くのK-POPグループに比べると、より明確にヒップホップに焦点を当ててはいたが、ボーカリストとラッパーで構成されるグループという点では大差なかった。したがって、アイドルへの夢を追う多くのK-POPグループと同様に、零細芸能事務所所属の「アンダードッグ」（負け犬）BTSも、音楽市場の辛酸をなめた末に消えていくと思われていた。

6　BTSは、2013年6月13日に韓国で「방탄소년단（防弾少年団）」という名前で、デビュー曲の「No More Dream」をもって正式に誕生した。グループの結成日はその数か月前と推定されるが、BTSやARMYは結成日ではなく、デビュー日の6月13日を大切にしてきた。

7　2022年7月現在の年齢。

だが、BTSは自分自身を含むあらゆる「壁」に、堂々と向き合う姿勢をまったく崩さなかった。「ただ1日を生きるだけでも自分の道を歩く」（「No More Dream」、2013年）ために、そして「君の夢をおいかけろ、いくら壊れても」（「Tomorrow」、2014年）と叫びながら、BTSは、ダンスや作詞作曲など、自らの音楽性の構築に集中し続けた（車 2018, p.55）。2013年から2014年にかけてリリースした「学校三部作」を通じてBTSは、後にリーダーRMを含むメンバーも異口同音に回想したとおり、ひたすら「一生懸命やること」（working hard）に集中していた。アンダードッグならではのリアルな人間たちの物語が、「残酷なほど正直に」展開したのである（クァック 2022, p.21）。

　「アンダードッグ」BTSが挑んだのは大きくみて2つだった。古臭い既成世代が支配する社会の不条理なシステムに対する若者としての闘いと、K-POPの権力構造に挑むアウトサイダーとしての闘い。自らが書いた歌詞がその日々の格闘を圧縮したメッセージならば、SNSはそれをリアルタイムで共有する日常空間だった（金 2022, p.255）。

　そして、2016年10月に好評発売されたセカンドアルバム『WINGS』のタイトル曲「Blood Sweat & Tears」が凄絶に物語るように、BTSは「血・汗・涙」を捧げ、あらゆる「誘惑」と真摯に向き合うことを約束する。夢をかなえるには、他の人よりもっと誠実に取り組む以外の秘訣はないことを、BTSメンバーたちは身をもって示そうとしたのである。「血・汗・涙」こそ、まさしくBTSの持つ「リアルさ」の本質であり、普遍性を獲得した原動力だった。

人々の音楽に対する評価は主観的でありがちだが、一般に、大衆音楽における「リアルさ」をめぐる言説では、真正性（authenticity）、すなわち偽りのない本物または真実なのか（being real）がよく問われる。例えば、自らの人生を語るヒップホップであれば、商品化されつつある音楽や音楽市場を非難し、「本当の」（real or genuine）ヒップホップ精神に戻るべきとの主張が盛んに展開される。しかし、BTSの持つ「リアルさ」は、単に本物であることや真正性だけでなく、誠実さや真面目さ、熾烈さといった意味をも帯びているように思われる。英語表現を借りれば、シンシアリティ（sincerity）というやや道徳的な要求が加わるのである。ARMYたちがBTSを「リアルな人間」と呼ぶ背景には、与えられた条件の下で何よりも誠実でシンシアに自分らしさを求めるBTS像があるのではないだろうか。

　BTSは、K-POPアイドルグループのなかでも、メンバー一人ひとりの視点を積極的に反映した点が際立っているグループである。メンバーが揃って曲作りに参加し、表面的な内容ではなく、自分たちが感じたことをストレートに盛り込み、歌詞を書く。このような音楽への姿勢は、ヒップホップやパンクのアーティスト精神でもっとも重要とされる「本物であること」の条件を十分に満たしている（金2020, p.176）。

　BTSの歩みを振り返ると、彼らが何よりも自らのアイデンティティと真摯にかつ熾烈に向き合ってきたことがわかる（**本書第1章を参照**）。例えば、BTSは、デビューから数年、激しい競争や敵意のなかで緊張感に包まれつつ、音楽業界をどう渡っていくかを探り続けた。BTSは正統派のヒップホップに重きを置いてい

たが、「本物の音楽表現」としてのヒップホップの思想は、ポップ・ミュージックを生産するエンターテインメント会社の商業的アプローチとは矛盾しているようにも見えた（ハーマン 2021, p.18-19）。

　この二項対立をめぐってBTSは、K-POPアイドルとして化粧やダンスをする折衷案をとりながらも、ヒップホップ・アーティストとしても責任を負い続ける姿勢を見せるなど、まるで悟りを求める「修行者」のように「リアルな」自分たちの姿を探り続けた。そして2018年のシングル「IDOL」では、以下のように、それまでのアイデンティティをめぐる闘いを総括するかのように、「自由な」人間としてのアイデンティティを宣言するに至る。

　　You can call me artist（俺を「アーティスト」って呼んでもいい）
　　You can call me idol（俺を「アイドル」と呼んでもいいよ）
　　それとも、他の何とも呼ばれてもね
　　I don't care（俺は構わない）
　　I'm proud of it（それが俺の誇り）
　　俺は自由だ
　　No more irony（皮肉はもういいよ）

　アイドルがアイドルを語ること自体が型破りだが（金 2020, p.254）、この時点でBTSは、ツァラトゥストラが訴えた、永劫回帰の無意味な人生の中で、自らが確立した意志をもって行動できる「超人」のレベルにたどり着いたのかもしれない。ニーチェがツァラトゥストラの言葉を通じて描いた超人は、人間そのもの

を否定するのではなく、あくまでも人間自身の可能性に基づいて、現在の自分自身を克服する存在であるが（ニーチェ 2012）、「俺は自由だ」と叫んだBTSの姿から「リアルな」人間像の一端を見ることはできないだろうか。

　もちろん、こうしたBTSのリアルな「修行」の旅は、リリースされた多くの楽曲にきめ細かく織り込まれただけでなく、「メッセージを伝える」という彼らなりの音楽性にも凝縮されている。BTSは、様々な感情や心境を込めて自らの生き様を真剣に歌い、ラップにしてきており、その生々しい成長の物語には例外なく、彼らなりの世界観が色濃く込められている（**本書第2・3章を参照**）。聴き手に何らかの目的をもってメッセージを伝えるような音楽志向は年々強まり、いつの間にかBTSは、「社会悪と闘う戦士」から「愛を論ずる哲学者」に至るまで、怒り[8]と愛を共に持ち合わせる「リアルな」アーティストとして成り立ち、俗世に「善なる影響力」を行使する存在となった（**本書第7章を参照**）。

8　BTSをプロデューシングした房時爀^{バン・シヒョク}（HYBE 理事会議長）は、2019 年 2 月に行った母校のソウル大学の卒業生へのスピーチで、これまでの自身のキャリア、そして BTS と共に重ねてきた努力の原動力は「怒り」であったと強調した。「僕は怒ることこそが自分の使命であると感じています。音楽業界で働く者が公正な評価と妥当な扱いを受けられるようにと怒り、アーティストとファンへの不当な批判や軽蔑に怒りを感じています。僕が常識だと思うことを実現させるために闘うことは、僕が愛し、人生を共にしてきた音楽への感謝の証であり、ファンやアーティストへの敬意と感謝の気持ちでもあります」。https://www.chosun.com/site/data/html_dir/2019/02/26/2019022603880.html（検索日：2022 年 2 月 22 日）。

特に「THE MOST BEAUTIFUL MOMENT IN LIFE（花様年華）」や「LOVE YOUSELF」「MAP OF THE SOUL」のようなロマンティックで哲学的な要素の多いシリーズを通じて、BTSは「自分を愛せ」という、現代人とりわけ若者たちが希求する価値を唱えて、世の中を奮い立たせることに成功する。これは、アメリカの若きシンガーソングライターのビリー・アイリッシュが表明する不安や、スウェーデンの環境活動家グレタ・トゥーンベリが顕わにしている憤りなど、若者特有の苛立ちとは一線を画した、普遍性を持つメッセージと化した（池田 2020 年 8 月 9 日）。1960 年代にイギリス・リヴァプール出身のロックバンド、ビートルズ（The Beatles）が世界平和を謳って世の中を興奮させたとすれば、BTSはリアルな修行の末に得た「自己愛」という知恵をもって、21世紀型の普遍性への希求に応えたと言えよう。

では、現代において、「自分自身を愛する」とはどういうことか。BTSの曲では次のように語られている。深く抱え込んだ暗い感情や、心の奥底に閉じ込めた秘密に触れ、それをコントロールする。辛い時も誇りを持ち、成功した時は喜ぶ。世の中で間違ったことが起きたら声をあげる。自分自身と他人、両方の味方になる。いずれも胸に溢れる「リアルさ」に満ちた発想であると言わざるを得ない。

「共感」の連鎖

興味深いのは、BTSのこのような「リアルさ」を求める「修行」の旅は、ツァラトゥストラのように独り山中をさまよう孤独な闘いではなく、いつも同伴者と手を携え、少しずつ前へと進む

道程であった点である。もちろん、旅の出発点は、個性豊かな7人がBTSという小さなグループを構成し、その中で何らかの化学反応を起こすことであったが、くじけそうな辛い旅路に、ファンも一人また一人と加わり、両者間で活発な相互作用が知らず知らずに起きたのである。そしてBTSと共にする「旅人の群れ」はいつの間にか全世界の至るところに広まり、前代未聞の擬似的な「共感の共同体」が立ち上がっていたのである。

「BTS現象」を象徴するARMYを説明する際には、このように「旅」がよく引き合いに出されるが（例えば、洪 2021）、そこには理由がある。そもそも旅は辛く苦しいもので、苦難が襲うことも多いが、BTSの場合、ARMYという同行者に恵まれたことで、心の平安を保ち、話も弾んだからである。

BTSが歩む世界への旅路には、人種やジェンダー、趣向などに対する偏見という「壁」が至るところに潜んでおり、時には国際的な摩擦や政治的な偏見に遭遇することもあった。壁に当たるたびに、この「旅」の意味について悩むBTSメンバーにARMYが寄り添い、共に歩みながら信頼を深め、互いに「善なる影響力」を与え合った。いつしかBTSとARMYは、この長い旅路の「情緒的同伴者」にして、お互いを防弾し、励まし合う護衛者の関係になっていた。

したがって、BTSとARMYとの関係は、ファンたちが一方的に共通の対象に熱烈な関心を注ぐサブカルチャーとしてのファンダムとは一線を画すものと言わざるを得ない。BTSにとってARMYはたんに、アイドルの後ろに「ついていく存在」でもなければ、「一様な存在」でもない。むしろポップスターとしての

BTSが持つ時代性は、アーティストとファンとを問わず多様な存在が相互に影響し合いながら、共に悩み、成長し続けようとする意識なのかもしれない（金 2022, p.259）。そして、「BTS現象」には、普通のファンダムではなかなか見られない、共に旅する人間同士でなければ生まれようもない「絆」や、相互防衛を誓う「連帯意識」が強く発揮される。

こうした「共感」に基づく絆や連帯意識こそ、BTSファンダムを、アクティビズムに満ちた一種の結社的な「ソサエティ」、あるいは、哲学者カントが追い求めた平和な「嗜好共同体」へと転化する原動力となったのではないか（本書第8・9章参照）。そして、この「共感」の波は、あらゆる「壁」を越えて、東アジアの諸国はもちろん、ポップの本場であるアメリカの人々の心にまで刺さっていったのではないか（本書第5・6章を参照）。

世の中に存在する様々なファンダムでは、ファンたちが共通の主題（例えば、特定のアイドル）に関心のある他者と共感し、時には同志としての意識を築く現象がよく見られる。しかし、BTSと彼らを取り巻くファンダムの力学は、BTSが垂直的かつ一方的にARMYの心を支配する関係ではなく、極めて水平的で、双方向的な属性を強く帯びる。実際、BTSほど、ファンへの愛と感謝の思いをストレートに、頻繁に発信するスーパースターは見たことがない。

さらに、ARMYに象徴されるファンダム内部の力学を見ても、「他人から認められたい」承認欲求に動かされながらも、排他性を否定する傾向を強く示す。「共感」の対象であるBTS自らがあらゆる「壁」に挑戦してきたように、ARMYも、ファンダム内

部にも外側にも「壁」を作らないことを鉄則としている。そして
ARMYの内部ではいつも、「多様性」をもっとも重要な価値とす
る共同体意識と、自分たちのグローバルな影響力や存在価値に対
する自覚とが緊張感をもって発揮される。こうしたARMYの政
治学に、より良き民主主義のあり方として近年しばしば言及され
る「包容（あるいは拡張）民主主義」（Inclusive Democracy）の典型
を探ることも可能だろう。

　もちろん、BTSをめぐる「共感」政治学の神髄は、BTSと
ARMY、AMRY構成員の間に作り上げられる物語（ナラティブ）
の仕組みによって、持続的に成長することにある。YouTubeや
SNS上を旅すれば、多様な年齢・人種・性・職種のファンたち
が書き残すBTSと自分との関係に関する告白が果てしなく続く。
「私の話だ」「すべてが好きだ」から、「癒された」「人生を変え
た」まで、反応は様々だが、そのほとんどは、ファン自身のナラ
ティブとBTSのナラティブとを「絆」のようにつなげて「同一
視」している。すなわち、ファン個々人は特定の集団に偏らず、
BTSメンバーに自分自身を投影し、両者の「世界の捉え方」の融
合を感じる意識作用をそれぞれ経験するのである。そして、こ
うした多様な個人とBTSメンバーとの繋がりがとてつもないグ
ローバル・ファンダムを生み出していく。

　したがって、BTSをめぐる「共感」の力学はまるで「魔法」の
ように働く。ARMYの彼／彼女にとって、「推し」は自分に足り
ない部分を備えた憧れの対象ではなく、自分に似ている対象か、
何となればもう一つの自分だからである。一般のファンダムで見
られる「憧れ」は、欲望の対象が自分とはかけ離れていると想定

しており、欲望を満たすよりも、むしろ欲望を増大させがちである。しかし、ファンはBTSを自らと「同一視」することで共感を覚えるのであり、欲望の対象と自分を重ねて捉えているから、欲望の対象と自身の間に距離がない（洪 2021, p.162）。誰しも自分自身をネガティブに見たくはないだろう。一心同体の物語を共有するBTSとARMYとの間にはいつもポジティブなエネルギーが溢れている。このエネルギーは、多様な個人による繋がりによって結集し、世界における自分たちの存在価値を持続的に再生産していく。

　こうしたBTSをめぐる共感ぶりはもはや「宗教」に例えられるほどである。前述の第1回「BTS学会」にも参加したという、米ハーバード大学付の牧師（チャプレン）を務めるリタ・パウエル氏は『朝日新聞』のインタビューで、BTSが宗教に近い機能すら持つと真剣に述べた。氏は数年前、BTSのメンバーがファンに向けて語るオンラインライブを見てときめいていたとき、ふと、同じ瞬間に500万人以上が同じ映像を見ていることに気がついたという。「これだけの人が同時に『愛』を共有している。私の教会で、こんな現象は起こせていない。倫理や価値への集団的合意や、（信者の）献身的行為、儀式や式典、別次元へとつながるような体験……。宗教としての機能のほとんどをBTSは満たしている」（守 2021年3月7日）。BTSをめぐる世界では、教会に劣らない癒しと救いのコミュニケーションに満ちているわけだ。

　もちろん、BTSとARMYとの関係は地に足を付けてお互いに「リアルな人間」像を追求し合う間柄であり、人間の力をはるかに超えた神聖な存在への信仰を求める宗教とは異なる。前述し

たように、BTSは自らのアイデンティティを熾烈に悩みながら、厳しい現実の「壁」に向き合い続けることで共感を呼んできた。BTSをめぐる「共感」は、あくまでも現在を生きていくうえでの「足掻き」に関わるものとして、人為的に造成されたものである。

したがって、こうした共感の仕組みには、複数のプラットフォームや形式を横断して一貫したテーマに基づいてストーリーを構成する、トランスメディア・ストーリーテリング（transmedia storytelling）という巧妙なメディア及びマーケティング戦略が働いているのかもしれない（**本書第4章を参照**）。実際、BTSと所属社HYBEは、メディアの境界をまたぎ、音楽のデジタル化という波に乗って、巨大な物語を作り出す錬金術を披露することで人気を博し、莫大な収益を上げてきた。とりわけBTSは、主としてSNSというメディアを通じて、集団性を帯びたファンの強いネットワークを築き上げる新世界を切り拓いた（他方でARMYは、もっぱらBTSを応援するために、ネットコンテンツやファン投票、映像・音楽のダウンロード・ストリーミングなどに、膨大な時間と費用を費やしてきた）。ただし、いかに天才的なビジネスの神が介入したとしても、BTSとARMYのような「絆」に基づく「共感」を100％人為的に作ることはできないだろう。

これは、ブラジルの小説家パウロ・コエーリョが2018年10月3日付で発信したツイートである。「WE♥#BTS」と書かれている。小説『星の巡礼』（1987年）や『アルケミスト：夢を旅した少年』（1988年）などで世界的な名声を得ているコエーリョは、ARMYを自任し、BTSへの愛を伝えることでも有名である。

BTSはこの10年間のビルボードHOT100で首位を獲得した曲が最も多いアーティストとして位置付けられた（2022年11月1日付のビルボード公式Twitter「@billboardcharts」より）。6曲を同チャートのトップに送り込んだBTSに続いては、ドレイクが5曲、テイラー・スウィフトとアリアナ・グランデが4曲、ジャスティン・ビーバー、ニッキー・ミナージュが3曲で追っている。

「紫する[9]」まで

　「私がBTSのパフォーマンスに強く感動した理由は――どのアーティストよりも優れているからというわけではありません――あのレベルに到達するまで彼ら7人がどのようなことを経験しなければならなかったかを知っているからです。」（Hiatt 2022年4月9日）

　BTSとARMYとの間には、一言では到底言い尽くせない、BTSの持つ「リアルさ」に「共感」する多くのナラティブが歴史のようにつながり、流れている。自分が自分でいられるためにはどう

9　「紫する」は、BTSメンバーのVが「大好きよりもっと気持ちを表現できる言葉」として編み出した「보라해（ボラヘ）」「I purple you」の日本語バージョンである。「ボラヘ」には、「虹の最後の色である紫のように、相手を信じて末永く愛し合おう」という意味が込められているという。

するべきか。自分を愛し、それを歌い、他者と共有することはいかに大切か。BTSとARMYがこれまで一貫して共有してきた価値は、遺伝子のように刻印されている。

　だからこそ、2022年6月にBTSが突然「方向性を失った、立ち止まって考えたい」との言及とともに、ソロ活動への集中を決断した際にも、そして同年10月にメンバー全員が順次兵役に就くため、グループ活動をしばらくの間、停止することを正式に決めた際にも、ARMYたちはさほど動揺しなかったはずだ。長い旅の途中、足湯で一息つくような当たり前の判断であることを、ARMYはそれまで共に歩んできた「共感」の旅を通して、身をもって理解しているからであろう。BTSのリーダーRMが述べたように、「BTSの本質はARMYであり」、両者はそれぞれ自分を愛し、お互いに支え合っているからでもある。

　この巨大な「レガシー」はさらなるレガシーに向かって走り続ける（Bate 2022年10月17日）。なぜなら、「You and I, best moment is yet to come」（「Yet to Come」、2022年）、すなわち「君と私、最高の瞬間はまだ訪れていない」からである。絶え間ない「リアルさ」の追求と怒涛のように打ちつける「共感」の連鎖。BTSとARMYが切り拓いた前例のない新文明への「旅」は、これからも続き、拡張し続けるだろう。世界中がお互いに「紫する」まで。

◊〗参考文献────────────────

　金成玫「BTSが解放したもの」『世界』通巻961号（2022年9月）
　タマール・ハーマン著、脇田理央訳『Blood, Sweat & Tears──BTSの

すべて』誠文堂新光社、2021年

이지영「방탄학, BTS연구는 이미 시작되었다」『한겨레신문』2020年12月16日（李ジヨン「防弾学、BTS研究はすでに始まった」『ハンギョレ新聞』）

大部俊哉「（『K』の奇跡：上）ポップに、世界越境」『朝日新聞』朝刊、2021年6月16日

차민주『BTS를 철학하다』비밀신서、2018年（車ミンジュ著、桑畑優香訳『BTSを哲学する』かんき出版、2022年）

Jacques Attali, *Bruits*, Presses universitaires de France, 1977, in French（金塚貞文訳『ノイズ：音楽・貨幣・雑音』みすず書房、1995年）

金ヨンデ著、桑畑優香訳『BTSを読む：なぜ世界を夢中にさせるのか』柏書房、2020年

任珍莫『BTSが世界を征服した秘密躍進するK-POPの光と影』『文藝春秋』デジタル（2021年1月24日）、https://bungeishunju.com/n/n7ef4dbd06489https://rollingstonejapan.com/articles/detail/37474（検索日：2021年6月1日）

ジェヨブ・S・クァック「BTSはなぜ愛され、何処へ向かうのか」、*Newsweek*（『ニューズウィーク日本版』）第37巻15号（2022年4月12日）

ニーチェ著、氷上英廣訳『ツァラトゥストラはこう言った』上下巻、岩波文庫、2012年

リディ・チャクラボーティ「BTSが私の人生を救ってくれた」、*Rolling Stone India Collectors Edition：The Ultimate Guide to BTS*日本版（CCCミュージックラボ、2022年3月）

池田純一「BTSは、文化戦争を生き抜く防弾ベストだ！」、*VOGUE JAPAN*（2020年8月9日）、https://www.vogue.co.jp/change/article/prospect-of-creativity-bts（検索日：2022年6月21日）

洪錫敬著、桑畑優香訳『BTSオン・ザ・ロード』玄光社、2021年

Jiyoung Lee, *BTS, Art Revoluton*, The Book Company, 2019

(이지영『BTS예술혁명：방탄소년단과 들뢰즈가 만난다』파레시아、2018年／李ジヨン『BTS芸術革命：防弾少年団とドゥルーズが出会う』パレシア、2018年)

Brian Hiatt「グラミー賞プロデューサーがBTSのパフォーマンスに感動した理由」*Rolling Stone Japan*（2022年4月9日）、https://rollingstonejapan.com/articles/detail/37474（検索日：2022年6月23日）。

守真弓「世界を揺るがす『BTS革命』広がる熱狂空間（グローブ239号〈韓流の沼へようこそ〉）」『朝日新聞』2021年3月7日

Ellie Bate, "BTS in Busan: Lights, Love, and Legacy," *teen VOGUE*（Oct. 17, 2022）, https://www.teenvogue.com/story/bts-in-busan-lights-love-and-legacy（検索日：2022年10月18日）

第 1 章

BTS、君は誰？

越境・横断・拡張する
そのアイデンティティ

木村愛結・風呂中里菜

「BTSって、どんな人たち？」と尋ねられたら、あなたはどう答えるだろうか？　彼らは韓国出身の7人組で構成されたボーイズグループだ。2013年のデビューから現在に至るまで、韓国内だけでなく全世界で絶大な人気を得てきた。パフォーマンス・言動・思想など、彼らのアイデンティティを構成する様々な要素が、熱烈なファンだけでなく、広範囲に人々の共感を呼び、そして、受け入れられている。なぜ、東北アジアの国のアイドルである彼らが、人種や性別、言語、生育環境などの違いを乗り越え、世界中の様々な立場の人々から支持されるのか。

　アイデンティティとは、その対象が「いかなるものであるか」、言い換えれば「自分が自分であること」、さらには「そうした自分が、他者や社会から認められているという感覚」を指す。BTSがBTSという存在を保つために何を保有していて、それが人々にどんな影響を与えているかを探ることは、BTSの根幹を知ることに繋がる。彼らが世界から支持される理由を解明するには、BTSの持つ複合的なアイデンティティを一つひとつ解き明かしていくことが必要だ。

　具体的には、BTSがアイドルないしアーティストとして、また、ジェンダー・人種・民族・障がいなどの社会の不公正の根源に異議を唱える「境界者」として、どのように活動してきたかを示すことで、その一端を探ることができるのではないか。本章では、BTSの持つ様々なアイデンティティと、それらを取り巻く戦略や人々の心情を探ってみたい。

「防弾」が意味するものは？

　リーダーのRMを筆頭に、SUGA、JIN、J-HOPE、JIMIN、V、JUNGKOOKからなるBTS（防弾少年団）。彼らは韓国国内外の新人賞を席巻し、韓国を代表するトップクラスのボーイズグループへと成長した後、全世界でBTSブームを巻き起こしてグローバルスーパースターに躍り出た。アメリカのビルボード、イギリスのオフィシャルチャート、日本のオリコン、iTunes、Spotify、Apple Musicなど世界有数の音楽チャートで優秀な成績を収め、数々の記録を更新し続けてきた。また、世界において活躍するBTSは、国連での演説や「LOVE MYSELF」キャンペーンなどを通じて善良な影響力を発揮している（「BTS日本公式ファンクラブ」より）。

　BTSのファンはARMYと呼ばれ、軍隊（ARMY）で使用する防弾チョッキ（bulletproof vest）のように、いつも一緒にいる「Adorable Representative M.C. for Youth」（若者を代表する魅力的な進行役）」という意味が込められている。BTSにとってARMYは必要不可欠な存在であり、デビュー当初から二人三脚で活動を共にしてきた両者は、互いに刺激を与え合っている。

　今はBTSという名で世界的に活動している彼らだが、正式名称は防弾少年団（방탄소년단）である。本格的に海外進出する以前は「防弾少年団」の呼称が一般的だった。BTSは、韓国語名である「Bang Tan Sonyeondan」もしくは「Bang Tan boyS」の略語であり、「Bangtan（방탄）」は日本語で「防弾」を意味する。この名称には「若者に向けられる抑圧と社会的な偏見という弾丸を防ぎ、自分たちの音楽を守り抜く」という意味が込められてい

る。また、後に「BTS」が「Beyond The Scene」の頭文字3つを取った略称でもあると公表し、「現実に安住することなく、夢に向かって絶えず成長していく青春」という意味も加えられた。

　彼らはグループ名に込められた「防弾」というテーマを、デビュー当時から現在まで貫き通している。アーティスト、アイドル、またワールドスターとして、これまで様々な問題をめぐって「防弾」を続けてきた。多くの人を悩ませるメンタルヘルス問題や現代社会が抱える課題まで、BTSが音楽に込めるメッセージとともに彼らの考えを発信してきたのである。

アーティスト？　それともアイドル？

　デビュー当初のBTSは、現在の彼らと比べてヒップホップ色が強く、アイドルというよりはアーティストの類型で捉える人も多かったのではないだろうか。デビュー当時の姿を見ると、全体的に黒を基調とし、チェーンのネックレスやハーフパンツなどを着用しており、ビジュアル上はヒップホップの特色を強く示していたことがわかる。

　デビュー当時の彼らが、アイドルよりもアーティストという類型に当てはめられやすかったのは、ビジュアル以外にも理由がある。その理由に踏み込んでいく前提としてまず、アイドルとアーティストがそれぞれいかなる存在であるかを定義する必要がある。日本でいうアイドルは、ファンが疑似恋愛のような体験をする糸口となるような歌やダンスを見せることが多い。AKB48やジャニーズ系アイドルの楽曲で、ヒット作といえば、恋愛をメインテーマとした歌である。一方、アーティストは、恋愛に限らず人

デビュー直後の2013年7月、ヒップホップ調の衣装に身を包んだBTSのメンバーたち。
BTS公式Twitter「@bts_bighit」より（2013年7月2日）。

生の様々な出来事を楽曲として表現する存在、すなわちある種の
ミュージシャンと規定できる。

　BTSのこれまでの作品の中で、後者の具体例として挙げたいの
は、彼らのデビュー曲だ。2013年6月13日にシングルアルバム
『2 COOL 4 SKOOL』からリリースされた「No More Dream」であ
る。ヒップホップ調の本作は、「なぜ別の道を行けと？　押し付
けるのはやめてくれ」と不条理な学校や社会を鋭く批判しながら、
無気力な若者たちに対して「お前の夢は何か？」と問いかけ、自
分自身の生き方を見直すきっかけとなるメッセージを投じている。

　韓国の受験戦争は、個々人の人生を左右すると言われるほどの
重大事であり、その熾烈さは世界に知られている。教師、保護者

などの抑圧の下で生きる若年層にとって、抑圧的な社会とその中で生きる若者の間、つまり、境界で夢を問いかけるBTSが、心に響く存在となったのは必然と思える。彼ら自身もまた、自国の過酷な競争社会を生き抜いてきたからこそ、発するメッセージに説得力があるのだ。

　このような強いアーティスト性は彼らのアイデンティティの一つで、世界的な成功に欠かせない「境界的な戦略」でもある。こうした戦略の効果は、韓国内にとどまらなかった。動画配信プラットフォームYouTubeに掲載された同作のコメント欄には、韓国語だけでなく、英語・スペイン語・ロシア語などの書き込みが多くみられる。世界中の若者の心は、彼らのアイデンティティ戦略によって鷲掴みにされ、動かされたことがよくわかる。

　今では世界を股にかけて自由に活動する彼らも、かつては韓国の一般の若者と同じく、「抑圧」される側にあった。デビュー当時は、アイドルにもアーティストにも規定しにくい境界的なアイデンティティを持っていて、それゆえに大衆から批判を受けたこともあった。既存の枠にあてはまらない存在であった彼らに、世間は厳しかった。そんな彼らと共通した特徴を持つ者がいる。日本と韓国のダブルで、Z世代を中心に多くの若者から支持を得る女性ラッパー・シンガーのちゃんみな（本名：乙茂内美奈、韓国名：장미나）である。

　ちゃんみなは「BAZOOKA!!!　高校生ラップ選手権」のMCバトルが皮切りとなり、世界的な人気を獲得しているDoja Catとコラボするほどの実力を持つ。しかし、こうした彼女も容姿や歌手活動のスタイルに対するバッシングを受けながら、そこで味わっ

た悲しみや屈辱を歌にして訴えかけてきた。以下は、ちゃんみなが2021年4月に発表したシングル曲「美人」の一節だ。

　　ちゃんみな最近まじかわいい
　　私は忘れないあの嵐
　　あの時私はまだセブンティーン
　　あの時言ったよな
　　You can't be beautiful
　　You can't be famous
　　醜いブスが歌ってんじゃないよ
　　あの時狂った精神に才能が開花
　　味わった幸も不幸も一般じゃなかった

　ちゃんみなの音楽活動のルーツの一つは、韓国の伝説的ボーイズグループ、BIGBANGの名曲「Haru Haru」だ。BIGBANGとBTS、両者の共通点は、K-POPという音楽ジャンルに属し、ヒップホップ要素が強いことだ。現代の若者の心を揺さぶる力の背景に、この2つの要素が強く関係していることが明確である。
　BTSは何者かというテーマに話を戻そう。BTSはデビュー当時、アーティストという類型に近かったとはいえ、アイドルという類型から完全に脱していたわけではない。2014年リリースの「Boy In Luv（상남자）」は、学生の恋愛と青春を、BTSのほとばしる

───────────────

1　「상남자（サンナムジャ）」は、漢字を当てると「上男子」である。男らしい男、「男のなかの男」という意味。外見もかっこよく、マナーもよ

学生服スタイルの衣装で若さ溢れるBTS。BTS公式Twitter「@bts_bighit」より（2014年3月21日）。©BIGHIT MUSIC/HYBE, All Rights Reserved.

エネルギーを凝縮して表現し、ファンをBTSとの疑似恋愛体験へと強く駆り立てることを狙っていた。ストレートなメッセージを聴きやすい音楽に乗せたこの曲は、商業的にも成功した。

　アイドルとファンとの間には、芸能人と一般人という決して越えられない「壁」があり、現実に交際することはほぼ不可能だ。この壁もまた、一種の境界と言える。ファンの中には、アイドルへの愛情が強すぎるがゆえに、その境界に絶望し、ついには、ファンであることを辞める者もいる。一方で、アイドルに向けら

───────────────────

　い男性らしい男性を指す。

れた重すぎる愛が犯罪まがいの行為に発展する場合もある。

　このような危険なファンを韓国では、「사생팬」（サセンペン）と呼ぶ。私生活（サセンファル）を追い回すファンの略で、アイドルたちのプライベートに執着する。アイドル本人が実際に使用している携帯番号を何らかの方法で入手し、その端末を使ってオンライン上でライブ配信をしている際に、サセンペンが電話をかけ続けるようなケースもしばしば見られる。実際にBTSのJUNGKOOKも同様の被害に遭い、怒りを滲ませたことがあった。アイドルはファンのために、ファンはアイドルのために互いに支え合う関係性で成立しているはずで、皮肉な現象と言える。

　アイドルを取り巻く界隈では、リアルに恋をすることを略して「リアコ」と呼ぶ。リアコ状態に精神的に耐えられなくなるファンは、常に一定数存在する。長期間にわたって多くのファンから愛されるためには、境界との距離を近すぎず遠すぎず、適切な水準に設定し、維持する必要がある。BTSのセカンドシングル「Boy In Luv」には、境界を近くに設定するための工夫がいくつか散りばめられている。ミュージック・ビデオ（MV）の舞台には、大抵の人になじみのある学校が設定され、ファンがそこに身を置く自身を想定しやすくなっている。学生服を着たメンバーの姿も、一つの演出の要素となっている。こうした工夫は、恋愛疑似体験を連想させるよう、アイドル性を有効に活用した境界的戦略で、彼らのアイデンティティの一つである。

アイデンティティ発信型のアイドル

　では、アイドルとしてのBTSの姿はいかなるものか。近年、

BTSは世界でもっとも有名なK-POPアイドルの地位を固めた。多くのK-POPアイドルが活躍する中でも、彼らは独自の音楽スタイルでトップの座を確立した。韓国では毎年、多くのアイドルがデビューするが、事務所側が曲やダンスといったコンセプトを企画するケースがほとんどである。しかし、BTSは個々の社会的な経験をストレートに表現するヒップホップを志向しつつ、アイドルとしても活躍するという、既存のアイドルとは異なる形式でデビューした。

　音楽を通じて、自らが身を置く世の中への感情を発信し、アイドルにとって必要不可欠な存在であるファンと共に、一つの世界を作り上げる、これがアイドルとしてのBTSだ。「若者に向けられる抑圧と社会的な偏見という弾丸を防ぎ、自分たちの音楽を守り抜く」という意味がグループ名に込められている点からも、彼らがアイデンティティを重要視していることが見て取れる。

　K-POPアイドルは曲とパフォーマンス、MVなどを通し、聴覚と視覚の両面から人々に接近する。この点において、BTSはどのアイドルに対しても比較優位に立っている。聴覚面では、ヒップホップの曲調にオリジナリティーあふれる歌詞が多くの世代から共感を得て、メンバーの体験をもとに人々へ強いメッセージを投じる。視覚面では、一糸乱れぬハイレベルのダンスと芸術性のあるパフォーマンスが、韓国だけでなく世界で認められた。

　韓国で毎年開催される世界最大級のK-POP授賞式「MAMA」（Mnet Asian Music Awards）では、2018年から2021年まで4年連続で「今年の歌手賞」「今年の歌賞」「今年のアルバム賞」「ワールドワイド・アイコン・オブ・ザ・イヤー賞」の主要4部門を制覇

している。2021年の「アメリカン・ミュージック・アワード」
（AMAs）では、アジア人歌手として初めて、大賞に相当する最優
秀アーティスト賞を受賞した。これらは、他のアイドルとの差別
化を図った BTS の音楽が国籍を問わず多くのファンから支持さ
れていることを証明した。

　アイドルとして成功を収める BTS は、音楽とパフォーマンス
のみによって人々の心に働きかけているわけではない。ファンを
愛する気持ちを様々な手段で伝えている点で、彼らはアイドルと
呼ばれるにふさわしい。アイドルは応援してくれるファンがいな
いと成立しない職業であり、彼らはファンの存在を非常に大切
にしている。RM は *Esquire* 誌 US 版の取材に対して、「私たちと
ARMY とは、お互いに充電し合う電池のような関係です」と述
べていた（Holmes 2020年12月6日）。双方が刺激や癒しをやりと
りすることで関係性を維持している。ファンとの関係の中でアイ
デンティティが設定された。

　ARMY はただ BTS を応援するだけではなく、ARMY というコ
ミュニティを活用して、社会的な活動も行っている。これらの
ARMY の取り組みが BTS のアイドル活動の原動力となっている
ため、BTS メンバーはこれまでも繰り返し ARMY への感謝を表
現してきた。その一つにファンソングがある。

　ファンソングとは、アイドルがファンに届けたいメッセージを
込めた曲のことだ。2016年10月に発売されたセカンドアルバム
『WINGS』の収録曲「2！3！」は、BTS にとって初めてのファ
ンソングである。メンバーが作詞したこの曲を通し、「過去の辛
い記憶は忘れて、これからも一緒に歩んでいこう」との思いを

ARMYに伝えた。常にファンへの感謝を忘れず、ファンとの深い関係性を築き上げた彼らは、まさにアイドルの理想像とも言えるだろう。

　BTSはアーティストなのか、アイドルなのかという議論がされるなか、メンバーは自らの立ち位置を曲で表現した。2018年8月に発表されたリパッケージアルバム『LOVE YOURSELF 結 'Answer'』のタイトル曲「IDOL」である。曲名が「アイドル」であるため、アイドルであることを自ら公言したように捉えられる。しかし、本作は「俺をアーティストと呼んでいい、アイドルと呼んでもいい」という歌詞で始まり、「誰が何と呼んでも、自分は自分だ」という思いを世間にアピールする楽曲だった。BTSをアイドルとするか、アーティストとするか、どう捉えるかは個人の自由だ。重要なのは呼称ではなく、BTSはBTSであるということだ。

社会の不公平に対抗、BTSが世界を変える？！

　現代社会を生きる世界の若年層は、これまでもたびたび問題とされてきた人種差別、難民問題、貧困問題などに加えて、性的少数派への差別、人口の高齢化による社会保障費負担の増加など、様々な難題に直面している。このような状況下、BTSのいかなるアイデンティティが、若者たちに影響を与えたのだろうか。

　近年では特に、ジェンダーという問題はとても発火性の高いテーマであり、多様性が叫ばれる社会にあっては、ますます重要な課題の一つとなっている。ジェンダーに関して困難を抱える人の苦悩は深く、とてもセンシティブであるがゆえに、議論が盛ん

であると同時に、ともすれば炎上も起こりやすい分野である。そんなテーマと彼らがどのような関わりを持っているのか、ここで考えてみたい。

　BTSのジェンダー的アイデンティティについて時系列で遡れば、彼らとて、デビュー当初から高い人権意識と多様性を持ち合わせていたわけではない。むしろ、ヒップホップ文化を通して男らしさを強調していたがゆえに、急激に高まった韓国国内の人権意識との間でずれが生じ、批判の的となったこともあり、所属事務所が公式に謝罪文を出す事態に発展した。ただ、BTSはここで、一回性の謝罪だけで問題を終わらせようとはしなかった。騒動の後、社会のジェンダーに関する価値観の変化に後れをとらないよう、BTSのメンバー個々と所属事務所が、自分たちの価値観と社会の価値観のすり合わせに尽力した。

　その結果が、現在の彼らを支持する多くの若者の存在にあらわれている。ソウル大学の洪錫敬教授（言論情報学）は自著で、「彼らは世界に存在する人種やジェンダーへの偏見と闘いつづける。RMの国連でのスピーチには、こうした使命に向きあう気持ちが、世界へ向けたメッセージのなかに込められていた」と述べる（洪 2021, p.254）。このように、発火性の高いテーマに正面から向き合おうとするBTSの姿は、多くの若者の支持を集めた要素と言えるだろう。また、BTSのリーダー RMは2018年9月、国連総会で行ったスピーチで、以下のように語った。

　「昨日、僕はミスをしたかもしれません。でも、過去の僕も僕には変わりありません。今の僕は、過去のすべての失敗やミスと共

にあります。明日の僕が少しだけ賢くなったとしても、それも僕自身なのです。失敗やミスは僕自身であり、人生という星座を形作るもっとも輝く星たちなのです。僕は 今の自分も 過去の自分も 将来なりたい自分も すべて愛せるようになりました。」（日本ユニセフ協会ホームページより）

このスピーチは、彼らが価値観を磨き上げるために努力してきた証でもある。BTSのジェンダーに対する認識が不十分であったがゆえに、大衆から非難されることもあったが、学びを止めないBTSの姿は、昔からのファンだけでなくBTSを知ったばかりの人々にも感銘を与えただろう。私たちもまた、このような彼らの姿勢から学びを得ることができるはずだ。

ジェンダー・アイデンティティ、さらなる進化を目指す
そんなBTSのジェンダー・アイデンティティは、進化を止めない。前述の洪教授はBTSのジェンダー観に対する影響に関して次のように述べている。

「BTSが見せる新しい『男らしさ』は、LGBTQのグループにもジェンダー・アイデンティティを自由に解き放つ機会を与えている。かつてメディアの中でタブーと見なされてきたLGBTQコミュニティ。彼／彼女たちにとって、BTSメンバーの日常風景は、『同性同士の友情と愛情表現は"異常"ではなく、きわめて人間的で正常だ』という思いを代弁してくれるものなのだ。」（洪 2021, p.250）

ここから読み取れるのは、ステージやそれ以外で見せるBTSメンバー同士の関係性が、LGBTQというマイノリティに様々な影響を与える可能性もあるということだ。BTSが同性同士で親密さを強調する姿から、ファンは自分たちの嗜好に合わせた二次創作を作ることもある。ファン自身が実生活でLGBTQのどれかにあてはまっていてもいなくても、例えば、嗜好がボーイズラブ（BL）であれば、そこにBTSを当てはめる。好みのメンバーの組み合わせを選び、「推しカップル」として二人の絵をかいたり、短い小説をつくったりと、楽しみ方は様々である。

　そのような、BTSの楽しみ方の一つとなっている「推しカップル」には名前がある組み合わせもある。例えば、VとJIMINの二人は、「クオズ」と呼ばれる。二人とも1995年生まれであり、「95's」（구오즈）は韓国語の発音で「クオズ」と読むことから名付けられた。クオズ同様、RMとJ-HOPEも1994年生まれであることから「구사즈」（クサズ）と呼ばれる。世界中に数多くいるファンの中にはボーイズラブに対して肯定的でない人もいて、その意味ではARMY相互に配慮が求められる場面もあるが、ボーイズラブという枠にはまるのでなく、単に仲の良い二人の関係性から癒しを得て応援するファンもいて、楽しみ方もメンバー間の関係性に対する捉え方もARMYの数だけ想定できる。このように、BTSのジェンダー・アイデンティティは抑圧的なジェンダー観からファンを解放し、ファンたちの人生を豊かにするものとして進化を続けている。

　ただ、国によっては同性愛というテーマに対していまだに不寛容な国もあるため、こうしたカップリング・カルチャーはSNS

上だけで楽しむものとして限定される場合がある。日常生活の場
では、同性愛者であることを公表できないがゆえに、心のわだか
まりのはけ口としてSNSを活用し、自らのよりどころとする人
は多い。近年の韓国は人権保護の面では大きく前進したが、性的
少数者への偏見は今も根強く、性的少数者を含むすべての人に対
する差別を禁止する差別禁止法は、韓国国会に幾度も提出されて
いるが、成立には至っていない。寛容でないという点では日本も
同様である。ワールドスターとなり、世界から注目を得て、若
者をはじめとして世界の新しい風を味方につけたBTSであれば、
差別を肯定する雰囲気を韓国国内から払拭する力になるかもしれ
ない。

時代遅れな「男らしさ」、性別問わない魅力

　性的少数者について言及したことのあるK-POPアイドルは多
くない。芸能人だけでなく一般市民も、日常生活において性的な
話題を公に口にする機会はあまりない。しかし、BTSは自ら直接
的にLGBTQを支持する姿勢を堂々と世界へ発信してきた。メン
バーのSUGAはインタビューで「男らしさ」に対する自身の考え
を語ったことがある。

　「ある特定の特徴や感情でしか『男らしさ』を定義できないとい
　う風潮が、まだ根強いと思います。僕は、『男らしい』という表
　現が好きになれないんです。『男らしさ』って結局なんなんでしょ
　うか？」
　「（男は強くあるべきだというイメージがありますが）コンディ

ションって常に変わり続けるものじゃないですか。『弱い人間だ』と思われたくない一心で、弱っていても強がってしまう。特にメンタルが弱っているときは、体が弱っている時よりも、周りに言いにくかったり外に出しづらかったりしますよね。社会全体的に、メンタルヘルスに対する理解を深めるべきだと思うんです。」(『コスモポリタン』2020年11月27日)

「男らしさ」は精神面での健康に左右されるが、感情を抑えてまで世間が求める「男らしさ」の像を演じることは不必要である。それは多様な方法で表現されるべきであり、正解がないのだから、「〜らしく」という言葉にとらわれないことが大切だ。SUGAは社会に根強く残る偏見を指摘し、世間に縛られず誰もが持つ個性を大事にするという姿勢を見せたのである。この発言は、「弱さ」として否定的に捉えられかねない心情や不安を抱える世界中の人々の気持ちを代弁する形で広まり、ファン層にとどまらず多くの支持を得た。

　RMは同性愛についての自身の見解を公表した。マックルモア&ライアン・ルイスのヒット曲「Same Love」を称賛し、「これは同性愛の歌だ。歌詞を聞くと歌の良さが倍になる」とツイートしたことがある。また、同性愛を公表したミュージシャンであるトロイ・シヴァンの「Strawberries and Cigarettes」を推薦するツイートもしている。この曲は、ゲイの青年が主人公である学園ラブストーリー映画『ラブ、サイモン』の主題歌である(金 2018年5月31日)。韓国で同性愛を始めとした性的少数者に関する話題は長くタブー視されており、社会が性的少数者に向ける視線は非常に

冷たい。しかし、RMの言動は性的少数者の背中を押し、ファンの枠を超えて韓国内において従来の認識を変えるきっかけになる潜在力を持つ。

　男性アイドルには女性ファンが多く、女性アイドルには男性ファンが多いというのが、従来のアイドル像であった。だが、異性ファンがより多く支持するという図式は近年、崩れつつある。性別を問わず多くの人々に愛される大衆的なアイドルが増える傾向にあり、BTSもその例に漏れない。彼らの美しい歌声やダンス、容姿などは、男性をも虜にする魅力的な要素がある。その人気は世界の著名な男性にまで拡大している。

　2019年4月に好評発売されたアルバム『MAP OF THE SOUL: PERSONA』の収録曲「Make It Right」でコラボレーションしたエド・シーランは、BTSの大ファンとしてARMYからもよく知られている。シーランはイギリスのメディア *Heat World* のインタビューで「BTSが大好き」と述べた。彼は2021年7月に発売された曲「Permission To Dance」の制作にも参加しており、仕事仲間として親交を深めている様子がわかる。

　冬季五輪フィギュアスケートでソチと平昌の2大会で連続して金メダルを獲得した羽生結弦選手は、TBSの『ドリーム・オン・アイス2021』のなかで、「BTSのメンバー、JIMINの踊りからインスピレーションをもらっている」「（自分は）見せ方の幅の広さが少なかったので、ちょっとずつ取り入れるようにしている」などと述べ、BTSファンであることを公言した（菅野 2022年2月8日）。釜山芸術高校舞踊科に首位の成績で入学した現代舞踊の実力者であるJIMINのダンスに魅了されるARMYは、羽生選手を

はじめ数多くいる。

　BTSの容姿に惹き付けられた男性ARMYも多い。海外オンラインメディア・プラットフォームのSpecial Awardsが選定した「Most Handsome and Beautiful in the World 2022」ではVが1位を獲得するなど、BTSはこの点でも定評がある。こうしたなか、JIMINが好きなあまり、JIMINの顔になるため18回の整形を行ったイギリス人インフルエンサーも現れた。彼は自身をトランスレイシャル[2]と自認しており、韓国的な見た目を手に入れるために整形を行うことで、韓国への愛を表現していた。

　BTSの魅力の沼にはまったARMYは、多様な方法で彼らの気持ちを表現する。彼らのアイデンティティと同様、ARMYもジェンダーにとらわれない新たな魅力を探し続けている。

　ジェンダーをめぐる問題に世間が敏感に反応する時代を象徴するように、大きな反響を呼んだ小説がある。韓国で136万部を超える異例の大ベストセラーとなった小説『82年生まれ、キム・ジヨン』は、映画化もされ、一つの社会現象となった。同作は、韓国において1982年生まれの女性でもっとも数の多い名前である「キム・ジヨン」の誕生から学生時代、受験、就職、結婚、育児までの半生を克明に回顧し、女性の人生に当たり前のように潜む困難や差別を淡々と描いている。

　この小説は、韓国内で大きな共感を生み、有力政治家や

　2　トランスレイシャル（transracial）は、「文化によって、あるいは生まれつき、自分の人種表現やアイデンティティを生まれつきのものとは異なると自認する人たち」のことを示す。

K-POP アイドル、芸能人が言及したことで話題になった。RM も
その1人だった。NAVER の VLIVE 生放送を通じて、最近読んだ
本として紹介し、「示唆するところが格別で、印象深かった」と
述べた。世界的影響力を持つ彼の言葉は、ARMY を含む多くの
人々がこの小説を知るきっかけになり、人々の購買意欲を増加さ
せた。女性が抱える苦悩やフェミニズムについて真摯に向き合う
RM の姿勢は、BTS が志向する「正しさ」を象徴している。

K-POP スター？　ワールドスター？

　BTS メンバー7人は、韓国の地方出身でありながら、世界で人
気を集める存在となった。ここでは、彼らが K-POP スターとし
て、さらにはワールドスターとして、それぞれのアイデンティ
ティを持ちながら現代社会に与えてきた影響について考えてみた
い。

　まず、K-POP の意味を明確にしておきたい。アメリカのポッ
プ・カルチャー専門家、タマール・ハーマンは、K-POP について
以下のように定義する。

> 「K-POP とは、音楽の一つのジャンルというよりも、『韓国発祥の
> 音楽に関する』要素を総称したものだ。基本的に、『K-POP』とい
> う言葉はアーティスト、音楽、MV やパフォーマンス、そして韓国
> のエンターテインメント企業がマネジメントする、『アイドル』と
> 呼ばれる若いスターをフィーチャリングしたマルチメディア・コン
> テンツを指す英語のフレーズであり、一般的には韓国のポピュラー
> 音楽を指す言葉としてもよく使われる。」（ハーマン 2021, p.22）

この定義に従えば、韓国出身のメンバーで構成され、韓国のポピュラー音楽を代表するBTSはK-POPの一部ということになる。

　では、韓国の名を背負ったK-POPスターとして、彼らは何を成し遂げたのか？　第1に、韓国の大衆文化と言語に対する世界中の人々の認知の向上が挙げられる。ここでは、ARMYの寄与度も大きいが、主体はやはりBTS自身である。彼らの楽曲には、韓国語はもちろん、韓国の様々な文化が盛り込まれ、彼らを深く理解するために、こうした韓国的な要素を一つひとつ紐解いていくことは、ARMYの使命でもあり娯楽ともなっている。韓国政府は2018年、BTSに花冠文化勲章を授与しており、K-POPスターとしてのアイデンティティから派生した功績を、政府も認めたと言える。

　BTSは韓国人にとって身近な関心事を取り上げ、音楽を通して彼らの思い、そして国民の声を代弁したことがある。2017年に発表された曲「Spring Day（봄날）」は、現代の苦しい青春に送る希望のメッセージを込めた曲とされる。一方で、ファンの間ではすでに通説となっているが、本作は2014年に発生したセウォル号事故への哀悼を表現したとされる。韓国の大型貨客船「セウォル号」が沈没した事故で、乗船していた修学旅行中の多くの高校生が犠牲になった。MVには命を落とした同世代への哀悼を思わせる場面があり、黄色いリボンが掲げられたメリーゴーランドのシーンが該当するとされる。事故当時の韓国社会で黄色いリボンは、「セウォル号で犠牲になった人々が戻ってくることを切実に祈る」シンボルと受け止められており、追悼の意を表したと解釈されている。

また、歌詞には何度も「보고싶다（会いたい）」の言葉が繰り返される。これは、遺族らの犠牲となった息子、娘、友人に対する恋しさが表現されていると考えられる。「どれだけ待てば、あと何回夜を数えたら、君に会えるだろうか」という歌詞からも、再び会うことを切実に願う感情が読み取れる。BTSはK-POPスターとして、曲を通じてセウォル号事故の犠牲者と遺族へのメッセージを国民に発信したと言える。

　ただし、メンバー自らが「Spring Day」をセウォル号の哀悼曲であると言及したことはなく、鑑賞する人々の解釈を尊重するという見解を示した（孫 2017年2月18日）。楽曲の制作意図について直接的なメッセージを発信したわけではないが、MVや歌詞を通して間接的にセウォル号事件に触れ、犠牲者への追悼の意と世間へ政治的なメッセージを国民に伝えた形である。

　韓国は1987年以降、民主化・グローバル化のプロセスとともに先進国入りを確信していた矢先に、1997年のアジア通貨危機の直撃を受け、新自由主義を支配的価値観とする厳しい格差社会へと進入していった。このような社会の激変に対する鬱屈した不満は、2016年冬に火が付いた「ロウソク革命」と翌年の政権交代という形で、政治の局面に噴出した。まさにBTSはこうした変化の真っ只中で、危機意識と希望の両方を強く意識しながら、彼らなりに真正面から「生き抜く」方策を探っていったとも言える。とりわけ、成功と失敗とが極端に分かれる K-POPの世界で、彼らは「勝ち抜く」ためにも、より厳しい現実に積極的に向かわなければならなかったと思われる。

　新自由主義も、格差の拡大も、未来への不安も、韓国社会だ

なければならなかったと思われる。

　新自由主義も、格差の拡大も、未来への不安も、韓国社会だけの問題ではない。BTSの熾烈な格闘はいつの間にか、普遍性をもって、彼らを全世界で人気を博するワールドスターに浮上させていった。BTSの物語は、世界各地で同じように苦悩の日々を送る人々に希望を与えていったのである。

　ビルボードジャパンの公式ホームページは、BTSの曲「Dynamite」について、「新型コロナウイルスによるパンデミックがなければ、制作していなかったかもしれない」と彼らが明かしていると伝えている。コロナ禍は私たちのこれまでの生活を大きく変化させ、孤独感や絶望感は増幅した。彼らはこの曲を通して、コロナ禍だけでなく、様々な問題でストレスを抱える人々を癒そうと、同作をリリースした。ウイルスは世界全体を苦しめ、癒しの曲は結果的に世界的ヒットとなった。世界に注目される存在となったことで、BTSは自らの曲によって伝えようとする思いがファンに伝わりやすくなり、BTSとARMYの絆はより強くなろうとしている。

　今後も彼ら自身が発するメッセージは大きな影響力をもって世界のARMYに伝わり、国を超えて大きな価値観を形成していくだろう。彼らには、利権やプロパガンダに絡め取られず、世界の人々に等しく接することで、そして「Dynamite」で希望を与えたように、彼らのメッセージで社会を明るくするような役割を担うことが期待される。性別や生き方などをめぐって様々な価値観が時に摩擦を起こす中で、BTSと彼らを取り巻く人々の存在は、多様性を認め合う社会の実現への動力となるのではないか。

唯一の世界観、スターへの要因に

　今やBTSは韓国を超えて世界に影響力を持ち、国際的に活躍するスターであるが、なぜ彼らはワールドスターと呼ばれるようになったのだろうか。その答えとして、欧米諸国でBTSの人気が沸騰し、世界各地へ拡大したことが理由に挙げられる。学校をコンセプトとした曲を前面に押し出したデビュー当初は、主に韓国と日本を中心とした東アジア圏の支持が多かった。ヒップホップを通して自分たちの素直な感情と近年の若者が抱える問題を示し、BTSだけの色を音楽で表現していた。このようなBTSの音楽のスタイルは韓国のみならず、以前からK-POPが受け入れられていた日本でも親しまれつつあった。2014年6月4日に日本デビューを果たし、既存曲の日本語バージョンや日本オリジナル曲をリリースする中で人気に火がついていった。

　ワールドスターとなる大きな契機となったのは、「学校三部作」の完結後の2015年に発表された3番目のミニアルバム『花様年華 pt.1』だった。従来の作品と比べて、より多くの曲の制作にメンバーらが直接参加したこのミニアルバムは、韓国で大ヒットした。ミュージック・ビデオには各メンバーの様々な物語が組み込まれ、すべてが合わさって一つのストーリーとして展開されている。他のアイドルの楽曲にはあまり見られない壮大な世界観が、大ヒットを生みだした一つの要因である。これは欧米諸国の若者の間でも話題となり、BTSがワールドスターとして台頭する原動力の一つともなった。

　その勢いはむしろ韓国国内よりも熱狂的なものだった。過酷な競争と埋め込められない格差、未来への不安を抱えていた世

界の若者たちが、BTSの物語を、国境を越えた普遍的なものとして受け入れ、共感したのである。韓国大衆文化研究者の金成玟（キム・ソンミン）（北海道大学教授）が的確に指摘したとおり、こうしたBTSの進化は、依然としてナショナリズムというリスクにさらされがちだった「Kのジレンマ」からK-POPを解放させる快挙だった（金2022, p.256）。BTSは、グループを「多国籍メンバー」で構成するといった既存のグローバル化戦略とは大きく異なる道を選び、むしろそれまでのK-POPに欠けていると指摘された「多様性」と「普遍性」を実現したからである。

　世界に影響を及ぼすワールドスターとなった彼らは、これまで国内外問わず数多くの賞を受賞し、MV再生回数やアルバム売上高などにおいて歴代最高を記録し続けている。彼らに関するニュースは、世界中に存在するファンの手で即座に翻訳され、拡散されていることから、常にほぼ全世界の関心の的であることは言うまでもない。しかし、そんな彼らではあるが、ワールドスターならではの悩みがあることを明かしている。

　2019年に公開されたBTSのドキュメンタリー映画『Burn the Stage: the Movie』で、メンバーは悩みと未来について語った。SUGAは、「BTSという職業を長くやっていきたいが、いつまで若さと熱気、そして人気が続くかはわからない。準備ができているとしても、やはり多くの人々がその時まで僕たちを好きでいてくれるのかも、実は大きな問題です」と不安を表明した。アイドルという職業には寿命があると言われる。激しいダンスパフォーマンスは体力を要し、年齢を重ねても若者に劣らない運動能力を維持するために、体調管理をしなければならない。ファンに愛さ

れる歌声を保つための継続的なボイストレーニングも当然欠かせない。加えて、人気の持続性は予測するのが難しい。

しかし、「BTSと青春を共にし、今後も継続して応援してくれるファンと歳を重ね、一緒にたくさんのことを成し遂げていくことがより重要である」とSUGAは述べた。未来を不安に思うのでなく、彼らのことを愛するファンの存在を大切にして挑戦していくという前向きな姿勢の表明であった。J-HOPEは「今後も公演、音楽に対する情熱と努力は変わらないだろう」と、初心を忘れず活動していく意思を明かした。将来の目標と活動に対する熱意は、ワールドスターとしてのBTSの地位を支えていくだろう。

新時代の1ページを彼らと共に

2022年6月14日、BTSの「活動休止」という報道が全世界に衝撃波として広がった。アイデンティティをめぐる葛藤を露わにしながら、グループとしての音楽活動を一時中断し、今後はメンバーそれぞれがソロ活動に力点を置くという方針が、様々な憶測を呼びながら示された。突然の宣言により、所属事務所HYBEの株価が20%以上も急落するなど、世間は一気に混乱に陥った。

しかし、この情報が初めて流されたのは、記者会見でも、テ

レビのニュース番組でもなく、7,000万人以上の登録者数を誇る BTSの公式チャンネル「BANGTANTV」であり、そこにはメンバーたちの本音が生々しく表れていた。定例ともいえる「防弾会食」で彼らが語ったのは、BTSがグループとしての「チャプター2」に進む、メンバーそれぞれが個人としてどのように成長していくかであった。ビルボードを次々と席巻し「世界最大のポップスター」と呼ばれてきたここ数年間に感じていた音楽的行き詰まりと、K-POPのシステムの中で感じる「アイドルのジレンマ」とも言えるもどかしさ、そして「BTS」という象徴性からくる負担などを、ARMYに直接語りかけたのである。

結果的に「休みたい」という言葉だけが独り歩きしたが、具体的な発言をみると、あまりにも率直で、BTSらしいものだった。「K-POPやアイドルのシステムは人が成熟するための時間を与えてくれない」「BTSの本質はARMYだ」とグループとしてのBTSが抱える問題を指摘しながら、それらの内側で一人ひとりが感じる「アイデンティティの動揺」(「自分が何をしているか分らなくなった」)と「葛藤する欲望」(「個人として自分を表現したい」「BTSを永くやっていきたい」)、そしてファンへの思い(「こう言うとファンに罪を犯すようだ」)について打ち明けるものだった(金2022, p.260-261)。

ARMYへの真心を込めたメッセージとともに、理想と現実のギャップの過程を、あまりにも率直に発言したメンバーらに、ファンたちも素直に反応した。BTSとARMYがこれまで共有してきたこととは、自分が自分でいられるためにどうするべきかという、ある種のアイデンティティをめぐる問題であり、今回の

BTSの決断もその一環であると、ARMYも理解しているからだ
ろう。個々の活動に重点を置くという「BTSのチャプター2」の
活動によって、より強くなって戻ってくると明言した彼らからは、
グループの未来への強い決意が読み取れた。

　BTSは、自らのアイデンティティをめぐって格闘を続けるなか、
努力と挑戦を惜しまず、多方面にわたる活躍で、多彩な人々から
支持を集めてきた。アーティストとして抑圧社会と若者という境
界に立ち、ヒップホップ色あふれる音楽を発信するとともに、ア
イドルとしてファンに愛されるための工夫と、ファンへの感謝
を忘れない姿勢を併せ持ってきた。BTSという韓国出身グループ
が世界中で支持される背景には、彼らならではの率直で複合的な
アイデンティティがある。ARMYと共に逆境や苦悩を乗り越え、
一つの大きなコミュニティを形成するほどまでに拡張したアイデ
ンティティは、真のBTSを理解する重要な糸口である。

　彼らは自分たちのジェンダー・アイデンティティを確立してお
り、音楽だけでなくインタビューなどを通してもジェンダーにつ
いての価値観を表明する。世界的な影響力を持つ彼らの意見は、
人々が社会の多様性を認知することを促したのである。韓国を
代表するK-POPスターとして、世界にファンを持つワールドス
ターとして活躍するBTSのアイデンティティは、韓国はもちろ
ん、海外でも広く受け入れられている。BTSのアイデンティティ
は想像以上のメッセージを与えると同時に拡張し続け、一体ど
こに到達するのかは、誰にもわからない。明るく前向きな姿勢を
人々に示し、熱意を込めて活動する彼らは、今後もファンと共に
BTSのみに可能な領域を切り拓いていくだろう。

参考文献

タマール・ハーマン著、脇田理央訳、『Blood, Sweat & Tears——BTS のすべて』誠文堂新光社、2021年

金ジェハ「BTSが世界で成功を収めた理由——K-popのルールや価値観を覆したBTSの軌跡」、*Rolling Stones Japan*（2018年5月31日）、https://rollingstonejapan.com/articles/detail/28460（検索日：2022年9月12日）

「BTSのSUGA、『男らしさ』という呪縛について語る」『コスモポリタン』（2020年11月27日）、https://www.cosmopolitan.com/jp/k-culture/korean-entertainment/a34783504/bts-suga-masculinity/（検索日：2022年2月12日）

酒井美絵子「BTSがソロ活動に専念『方向性を失い、立ち止まって考えたい』動画で語った彼らの本音」、AERA dotホームページ（2022年6月16日）、https://dot.asahi.com/aera/2022061500104.html?page=1（検索日：2022年7月5日）

菅野朋子「羽生結弦の『BTSからインスピレーションをもらっている』発言に韓国のファンは『やっぱり！』…韓国での『羽生人気』のリアル」、文春オンライン（2022年2月8日）、https://bunshun.jp/articles/-/51585（検索日：2022年5月30日）

孫ミギョン「防弾少年団、新曲MVが数年前の事故を連想？ RAP MONSTERが直接言及『観た方々の解釈に任せたい』」、*Kstyle*（2017年2月18日）、https://news.kstyle.com/article.ksn?articleNo=2063799（検索日：2021年2月14日）

「世界中の若者たちへBTS防弾少年団が国連総会で行ったスピーチ」日本ユニセフ協会ホームページ（2018年9月24日）、https://www.unicef.or.jp/news/2018/0160.html（検索日：2022年5月30日）

ファン・ソニョン「BTS V『2022年 世界でもっとも美しい人』1位に！ イケメンタイトル更新中」『トップスターニュース』（2022年5月12日）、https://danmee.jp/knews/k-pop/topstar-bts-250/（検索日：20

22年5月28日）

洪錫敬著、桑畑優香訳『BTS オン・ザ・ロード』玄光社、2021年

「About BTS」BTS Japan Official Fanclubホームページ、https://bts-offi
cial.jp/profile/（検索日：2022年7月5日）

「BTS、『Dynamite』はパンデミックがなければ作っていなかったと語
る」、*Billboard JAPAN*（2020年 11月24日）、https://www.billboard-
japan.com/d_news/detail/94529/2（検索日：2022年2月13日）

Dave Holmes（Satoru Imada訳）「無限に広がるBTS（防弾少年団）の
楽観主義」『エスクァイヤ』日本版（2020年12月6日）、https://www.
esquire.com/jp/culture/interview/a34869062/the-boundless-optimism-
of-bts-interview-2020/（検索日：2022年5月25日）

「BTSがアメリカン・ミュージック・アワード2021で最多3冠！ コー
ルドプレイとパフォーマンスも披露」、*VOGUE JAPAN*（2021
年11月22日）、https://www.vogue.co.jp/celebrity/article/bts-wins-
american-music-awards-2021-artist-of-the-year（検索日：2022年5月
28日）

金成玟「BTSが解放したもの」『世界』通巻961号（2022年9月）

第2章

今、私たちの「心の地図」

BTS という名の心理学

今浪ユリヤ・藤岡李香

BTSのミュージック・ビデオ（MV）を初めて見た時、何を思うだろうか？　顔やビジュアルがカッコいい、歌がいい、というだけではないだろう。ふと「これは何だ」と考えさせられる瞬間がある。端的に言えば、「衝撃」である。それを具体的に言語化することは困難だが、今まで触れてきたものとは違う、と本能的に感じてしまう。自分でも知らないうちに、物語に入り込んでしまう。自らを主人公にしてしまうとは、一体どういうことなのだろうか？　「自らを愛することの重要性」と「共感」という揺るがない2つの軸に着目し、彼らのインタビューやMVを読み解いていこうと思う。

今ある時間を大切に

「お前が夢見てた姿はなんだったんだ？」「今 お前の鏡の中には誰が見えてるんだ？」と、自らが世間に抱いていた疑問を投げかける彼ら。これはデビュー曲「No More Dream」の冒頭の歌詞である。「俺たちを勉強ばかりする機械にしたのは誰だ？」とも投げかける。若者なら誰もが一度は考えても胸にしまっておくような気持ち、誰もが先陣を切って声を上げようとしない若者たちの苦痛を、彼らは伝えているのだ。これが後の「学校三部作」である。夢を抱くこともなく生きる若者たちや、一つの同じ考えを強いる学校への疑問と反発など、抑圧された10代の心を代弁し、

1　デビュー間もない時期にリリースされた『2 COOL 4 SKOOL』『O!RUL8,2?』『SKOOL LUV AFFAIR』のアルバム3作品。夢もなく生きる若者たちや一つの同じ考えを強いる学校への疑問と反発など、抑圧された10代の心を代弁し、少年の夢と幸せについて語ったシリーズ。

少年の夢と幸せについて語られたシリーズで、大人が作った枠に収まることを拒否する姿勢を表現している。MVを見ても、落書きだらけの教室や、机や椅子を投げるシーンが登場する。その様子から見て取れるように、彼らの気持ちを代弁しているようにも見える。

「花様年華」——いきなりこの言葉を耳にしたら、何が思い浮かぶのだろうか？　人生でもっとも美しい瞬間という意味の言葉であるが、ARMYはこの言葉を聞くと歓喜する。なぜなら、BTSを韓国内で1位に導いた楽曲の収録されたアルバムを含む「青春三部作」[2]のシリーズだからだ。彼らはこの言葉の意味をイメージし、誰もが思い出として残る青春をとらえたのだ。

このシリーズを論じる際に前提として知っておくべきことは、「I NEED U」「RUN」「Prologue」[3]「Euphoria」[4]「Highlight Reel '起承転結'」[5]のMVがすべて繋がっている点である。発表時点はバラバラだが、内容的にはリンクする部分がある。少年たちが共に楽しそうな時間を過ごす一方で、一人ひとりが抱える過去の過ちや、

2　『花様年華 pt.1』『花様年華 pt.2』『花様年華 YOUNG FOEVER』の3つのアルバムからなる儚い青春の美しさと危うさを描いたシリーズ。BTSを一躍有名にさせた時期の作品でもある。

3　花様年華シリーズのプロローグを映像化した作品。様々な考察が行きかっている。2015年10月2日発表。

4　『LOVE YOURSELF 結 'Answer'』の収録曲。JUNGKOOKのソロ曲。2018年4月6日発表。彼らの理想的な生き方を映し出し、現実では叶わない儚さも込められている。

5　「LOVE YOURSELF」シリーズのプロローグを映像化した作品。個人のストーリーに重きを置くが、その背景はすべて繋がっている。

「Highlight Reel '起承転結'」公式 MV 中におけるタイムリープシーン。同じ日付であるが、JIN の雰囲気がまったくの別物になっている。上画像 7:27 秒、下画像 11:44 秒（2017年 8 月 19 日公開）。©BIGHIT MUSIC/HYBE, All Rights Reserved.

家庭環境の悪化など、闇のような部分も描かれている。これらの MV の中で不幸の連続を救うために動いているのが、JIN である。

「Highlight Reel」の MV の中で 2 度訪れる 8 月 30 日。倒れていた花瓶を、まるで倒れることを知っていたかのように受け止めるシーンなどが目を引く。物語の中で JIN はタイムリープをしていると思われる。2 つの場面の中で、洋服や部屋の様子などはすべて同じなのに、JIN の表情だけがますます暗くなっていく。これはメンバーを何度も救おうとしたにもかかわらず、一向に状況が

好転せず、同じ場所に戻ってきてしまう様子を表している。

　過去を変えることには何の意味があるのだろうか？　「今ある時間を大切に」というメッセージである。青春のただ中にある若者は、美しさと不安が共存する時間を生きている。青春の輝きとはコインの裏表のような、不確かな未来への不安を抱えている。一見、楽しんでいるようであっても、少しでもひびが入ればすぐに壊れてしまう危うさをはらむということを伝えている。また、彼らは自ら歌詞を書き、曲を作るがゆえに、彼ら自身の音楽を通して物語を具体的に表現することを可能にしている。そのため、曲ごとにメンバー一人ひとりの物語を読み取ることができる。人生の中で誰もが経験したことがあるものと一致するため、より一層の共感を呼ぶのだ。

　このように彼らは、人生の中の一部分をテーマにすることで、人間であることの意味を探求し、自分自身の立ち位置を把握することを大きな軸としている。トップアイドルとして世界中で人気を博する彼らは傍目には雲の上の存在だが、実は自分たちと同じ悩みを抱え、似たような経験をしてきたことに親近感を覚え、聴く人によっては自分の物語のように感じられるから、一気に彼らとの距離が近くなる。それが私たちを心強くさせ、共感を呼ぶ。BTSの音楽は、特定の人をターゲットにしたものではなく、人生の中で様々なことを経験した、すべての人のためにあるのだ。彼らの物語は、普遍性を持つメッセージとして曲を聴く人に届いている。彼らは私たちに寄り添い、音楽を通して私たちの感じたことを表現してくれる代弁者なのである。

　過去のライブでリーダーのRMは、「幸福は、その気持ちを感

じることができる人間の心構えだ。つまり、いつもその人が幸せ
を探し感じることができる心構えさえあれば、準備さえできてい
れば幸せはどこにだってある」と述べたことがある。花様年華
（人生でもっとも美しい瞬間＝青春）という言葉が意味するものは、
実は普通の青春かもしれないし、迷いの時期であるのかもしれな
い。しかし、共通して言えることは、花様年華は誰の心の中にも
あるということだ。今がつらいという人もいるが、幸せの瞬間は
人それぞれであり、辛い時が後で振り返れば花様年華であった可
能性も十分にある。今生きている一瞬一瞬を大切にすべきと強く
感じさせてくれるのだ。

相反しながらも共存する二つの世界

　朝と夜のように真逆なものが共存する世界、その中でも
「WINGS」シリーズは「善と悪」の部分に焦点を当て、彼らの
心の内で起きている葛藤が描かれる。「Blood Sweat & Tears」の
MVの世界観を読み取るためには、ヘルマン・ヘッセの小説『デ
ミアン：エーミール・シンクレールの少年時代の物語』の理解が
必要である。

　小説『デミアン』は、主人公シンクレールが、神秘的な力を持
つ少年デミアンに出会ったことから、真の自己を見つけていく物

6　2015 年 11 月 27 日「花様年華 on stage」コンサートにおける RM エ
　ンディングコメントより抜粋。
7　『WINGS』『YOU NEVER WALK ALONE』のアルバムからなる新たなシ
　リーズ。少年たちが出会う誘惑をテーマに卵から羽化して飛び立とう
　する鳥の羽ばたきを連想させる内容となっている。

語である。「WINGS」シリーズは少年、葛藤、成長、自己などの
メッセージで一貫している。小説とMVの両方に出てくるハイタ
カは、卵から出てきて羽ばたくことを意味しており、「自らで世
界という幾つもの固い殻を割って成長して羽ばたく」ことを表し
ている。

　「卵は世界である。生まれ出ようとするものは一つの世界を壊
さなければならない。そして鳥は神のもとへ飛んでいく。その神
の名はアブラクサスという」。これはMV中に引用されているナ
レーションだ。相反するものを統合する神アブラクサスは、彼ら
にとっては理想の姿なのだ。前述のとおり、メンバーを救おうと
JINは何度もタイムリープを繰り返すが、一向に事態は好転しな
い。それを変える、つまりは世界を壊して理想の自分に向かって
成長していく物語だということがわかる。善でもあり悪でもある
像へのキスは、JINが『デミアン』の主人公シンクレールのよう
に、善も悪も包括した世界を知ったことのメタファーである。こ
のMVのポイントは、悪を知ったからといって闇に堕ちていくわ
けではないということにある。

　このMVのメッセージは、「踊る星（それぞれの幸せな人生）を
生むことができるようになるためには、人は自分のうちに混沌
を持っていなければならない」ということである。MVの途中
でJINが向き合った鏡に書かれていた文章は、哲学者ニーチェの
『ツァラトゥストラはこう言った』の一節である。自己実現のた
めには、善悪の入り混じった世界を知り、生きるべきだという意
味で、MVが発するメッセージとも繋がっている。

　ここで説明してきた「花様年華」シリーズは、とても複雑で物

「Blood Sweat & Tears」公式MV中よりニーチェの言葉が書かれたシーン、このMV全体を通して伝えたいメッセージである（2016年10月10日公開）。©BIGHIT MUSIC/HYBE, All Rights Reserved.

語が完結していないため、いまだ謎も多い。ストーリーはとても難しいが、何年もかけて取り組んだ物語を通じて、青春の危うさから続く「過去の自分の過ちも自分として受け入れ、自分自身を愛してあげよう」というメッセージへと繋がる。もうお気づきかもしれないが、その後の「LOVE YOURSELF」シリーズ[8]への架橋となるのだ。メッセージが多くの共感を呼び、BTSがここまで成長する一つのきっかけともなった。

揺るがない「LOVE YOURSELF」シリーズ

このようなBTSの世界観が作り上げられた背景には、メンバー個々人の活動に対する真摯な姿勢があった。7人のメン

---

8 『LOVE YOUR SELF 承 'Her'』『LOVE YOUR SELF 轉 'Tear'』『LOVE YOUR SELF 結 'Answer'』のアルバムからなるシリーズ。BTSの世界的人気を助長していったシリーズである。

バーに共通して言える点は「謙虚さ」と「心の軸」を持っていることだ。「レーベル、プロデューサー、そしてファンの意見は全部大切だよ。彼らのフィードバックは貴重だ。だって彼らは、僕らのことを第一に考えてくれるから」とJINは語っている（Chakraborty 2022年3月）。またJIMINは、今でも自分たちに欠点はあるが、時間、感情、自分たちのすべてを注いで自分を愛してくれるファンには、いつも心を動かされており、その献身的な姿を想うと、ミスを犯すべきではないという思いに駆られると述べたこともある。

このように彼らは世界が認めるトップアイドルになってからも、謙虚な姿勢で活動を続けている。さらに彼らの言動からもわかるように、常に彼らに関わるすべての人への感謝の気持ちを持っていることに加え、彼らを認めてくれる人々を大切にしていることから、自己を愛していることも窺える。これが、多くの人に愛される理由の一つであると言える。

彼らの「軸」はメッセージを届けることである。上述のJINのコメントには続きがある。「でも、自分たちがオーディエンスに伝えようとするメッセージに集中するようにしている。だって、そもそも僕らが音楽に携わっている理由は、そこなんだから。外部からのフィードバックは、こうしたメッセージをさらに深掘りし、音楽にもっと反映させるうえで僕らを助けてくれてるんだ」。さらにVは「いつも外国語で歌うときは、メッセージを明確に伝えることにより重点を置いているんだ」（Chakraborty 2022年3月）と語る。

常に周囲への感謝を持ちながらも、周囲からの反応に流されな

い、決してぶれることのない軸を彼らは持っている。確固とした軸は、彼らが掲げる「LOVE YOURSELF」を体現していることを窺わせている。だからこそ、彼らが私たちに伝えようとしてくれるメッセージは説得力があり、多くの人の心に響くのだろう。

既成の価値観を揺るがす

　冒頭にも述べた、BTSの世界観づくりの根幹を示唆するRMへのインタビューがある。彼は、「光が差すところには、必ず闇が生まれる。僕たちの行動のすべて、そして僕たちの存在そのものが、外国人を排斥しようとするネガティブな風潮に対するアンチテーゼになってくれればいい。それが僕たちの考え方です」と語る（桑畑 2021年8月）。マイノリティに属する人々が、BTSという存在からエネルギーと勇気を少しでも受け取ることができれば、確かに存在する外国人を忌み嫌う風潮を突き破って、開かれたマインドを持った人々が多く登場してくるかもしれない。彼らがアメリカで成功を収めた事実自体が、極めて大きな意味を持っているのだ。

　また、メイクや玉虫色のヘアも含め、古めいた「男らしさ」の定義を否定することは、BTSの本能だと言っていいだろう。「男らしさというのは、今や時代遅れのコンセプトです」。RMはそう話す。「僕たちはそれを破壊しようとしているわけではありません。しかし、自分たちがポジティブなインパクトを生んでいるとしたら、とてもうれしく思います。僕たちは今、そういったレッテルや制限が不要な時代に生きているのですから」とも述べている（桑畑 2021年8月）。実際に彼ら一人ひとりがメイクやカラ

フルなヘアカラーを楽しんでおり、性別などの枠にとらわれず、個性を発揮している。以前はあり得なかったことだが、最近では男性もメイクをすることが一般的になりつつある。このように彼らは既成の概念に制限されない時代を切り拓いているのだ。

　彼らの話からもわかるように、BTSは既成の価値観を持った人々さえも否定せず、寛大に一人ひとりの個性を受け止める努力をしている。また、自分や自分以外の個性を大切にしようとする人々の背中を押しているとも言える。すべての人間が等しく持つ尊厳と同様に、世界のどこであっても共通に重視されるべきだと訴えており、それを発信していくのが彼らの役割であると自認している。

社会全体の代弁者？

　「Spring Day」のMVに登場する黄色いリボンから、皆さんは何を想像するだろうか？　このリボンはセウォル号の犠牲者追悼のシンボルである。2014年4月に起きた「セウォル号」沈没事故[9]をモチーフにしているとされており、MV全体に隠喩として登場している。メンバー自身は「見た方の判断に任せる」と述べてい

9　2014年4月16日に韓国の大型旅客船セウォル号が全羅南道・珍島郡の観梅島沖海上で転覆・沈没した事故。この海難事故で、修学旅行中だった高校2年生多数を含む、乗員・乗客299人（行方不明者5人）が命を失った。様々なビデオ映像や携帯電話記録から、生存している高校生を乗せたまま沈没していく船の光景や、船長・乗務員が乗客を見捨てて逃げる様子、韓国・海洋警察の救出作業の無策・無能ぶりといった事故の模様が韓国国内はもとより全世界に生々しく報道され、大きな衝撃を与えた。

るが、随所に意味深長な場面が登場する。

　一方で、小説『オメラス』もモチーフとされる。『オメラス』
はアメリカのSF作家アーシュラ・K・ル・グィンの短編小説で、
究極の最小不幸社会を描き、王も軍人も僧侶も奴隷もいない、幸
福と祝祭の都、オメラスという都市を舞台に、理想郷オメラスの
地下には、知的障害のある1人の少年が、おぞましく悲惨な状態
で閉じ込められており、幸せが1人の少年の不幸の上に成り立っ
ていることを知っているという物語だ。MVではJUNGKOOKが
この少年の役割と考えられている。

　MVは犠牲者を意図的に作り出し、その他大勢が良い思いをす
る現代社会の問題点を指摘している。地下室に閉じ込められてい
た少年は、セウォル号の犠牲者の大半を占め、「大人しくしてい
ろ」という船内放送で避難の動きを止められ、犠牲になった高校
生を連想させる。MVの序盤、メンバーＶが佇む「イリョン駅」
も注目すべき部分である。現在は無人の駅がなぜ選択されたのか。
「イリョン（일영）」は漢字で表記すると「日迎」で、太陽に向
かって東に歩いていく春分の行事を意味し、孤独と思った人生も、
これまでの人生を思い出すと孤独ではなくなるとのメタファーで
ある。JIMINが海で靴を見つけ、次のシーンではそれを自らの傍
に置く。靴は17歳前後という若さで海に消えたセウォル号の犠
牲者を示し、これから二度と進むことのない時間、つまりは永遠
なる青春に釘付けにされた若者たちを意味する。

　最後の場面で、メンバー7人の視線の先には、靴がつるされた
木の枝がある。「シュートゥリー」と呼ばれ、亡くなった家族や
愛する人を慰めるため、故人の履いていた靴を木に吊るす習慣が、

「Spring Day」公式MV中最後にシュートゥリーをしているとみられるシーン、このような隠喩の場面が要所に登場する（2017年2月13日公開）。©BIGHIT MUSIC/HYBE, All Rights Reserved.

この場面のモチーフである。「楽曲全体に伝わるようにと、たくさんのいい思い出を振り返っていたんです。たとえば、連絡を取らなくなってしまった友人のことを考えながら、その悲しみを表現しようとしました」とJINは曲作りを回想して語っている（Hiatt 2021年6月21日）。

己を知れ

　次頁の図は、スイス在住のカナダ人ユング派分析家、マレイ・スタインが考えるユングの心理学の考え方だ。①SELF（自己）、②SHADOW（影）、③ANIMUS/ANIMA（アニムスは女性心の中にある男性イメージ、アニマは男性心の中にある女性イメージ）、④PERSONAの4つの原型があると考えられている（スタイン 2021, pp.208-209）。その周りには、自らが抱くコンプレックスが散らばっている。「PERSONA（ペルソナ）」とは、「役者が舞台でつけている仮面」を意味するラテン語で、自らの本当の気持ちである内面を隠し、その場面に合わせることで仮面を被ると題している。

外界（外から見える自分）

PERSONA
EGO
共同体意識　本音
意識的に引き起こす欲望 → SELF（自己） ← 無意識に引き起こされる欲望
SHADOW
コンプレックス　無意識
ANIMUS/ANIMA

内面（心の内）

ユングの想定した「考える心の地図」。SELF（自己）をめぐって、善悪さまざまな、相反する感情が渦巻く。マリー・スタイン／スティーヴィン・ヒュザー／レオナード・クルーズ（大塚紳一郎 訳）『BTS、ユング こころの地図：『MAP OF THE SOUL: 7』の心理学』（創元社、2022年）を参照し、筆者作成。

自分の意志で自分を表現するということだ。

　その意味が明確に見て取れるのが、『MAP OF THE SOUL：PERSONA』に収録されているRMのソロ曲イントロ曲「Persona」である。「願っていたスーパーヒーローになったようだが、自分が知っている僕の傷跡には世の中は興味がない」と歌い、「一生問いかけるけどきっと答えは見つからない。俺は一体誰なのか」と自分に問いかける。全世界の注目の的であるBTSのリーダーが、ファンによって作られてしまったRMとしての仮面と、キム・ナムジュンという本当の自分との間で葛藤する様子が歌われている。自分が自分でなくなってしまういらだちや虚しさと同時に、アーティストとして生きることは自分の望む道である以上、その部分を簡単に切り離すことはできない。その葛藤が自分の心をどんどん蝕んでいく様子が表されている。色々な姿はすべて自分の中に

「MAP OF THE SOUL：PERSONA 'Persona' Comeback Trailer」公式 MV 中、自らと同じようなマネキンを設置し、ペルソナを表現しているシーン。このすべてが自分であり自分ではない感覚にさいなまれている（2019年3月28日公開）。©BIGHIT MUSIC/HYBE, All Rights Reserved.

存在する異なるペルソナであって、全部が完全に自分自身とは言い切れないのだ。

Whoと体に書かれた多数のマネキンが一気に壊れるMVのラストシーンは、「ペルソナが消え、'本当の自分自身'を求める旅が始まること」のメタファーと読み取ることもできる。

そして物語は、アルバム『MAP OF THE SOUL：7』に収録されているSUGAのソロ曲「Shadow」へと続く。心の中には自分の価値観と違うものがたくさんある。無自覚なまま心の中で実際に活動しているけれど、本人は気づいていない、そういう自分の人格の一部分がシャドウなのである。

緑がかったステージに降り立ち、周りに飛び散る「O!RUL8,2?」という文字が象徴するとおり、スターへの道を歩み始めたSUGA。そして、上目遣いで人差し指を口に当てる姿がアップになる。指を口に当てるこのカットは、「密儀における沈

「MAP OF THE SOUL：7 'Interlude：Shadow' Comeback Trailer」公式 MV 中、これから始まる密議のことを示唆している（2020 年 1 月 10 日公開）。©BIGHIT MUSIC/ HYBE, All Rights Reserved.

黙」を示唆している。それまでの世俗的な栄光とそれに伴う不安や孤独といった、ユング心理学で言う「個人心理」が主たる内容だった段階から、境界を突き抜け、その外へと上昇する局面への転換である（スタイン 2021, pp.238-248）。「ここからは密儀だよ」というサインなのだ。人間を超えた高み、光へと上昇するならば、それに対応するものが下に広がっていく。光はそれに対応する影、シャドウを生み出す。

　MV 途中でステージと客席に SUGA が二人現れる。「私（俺）と影（お前）の一体性だけではなく、自分を構築するものすべてが溶け合って、自分が出来上がるということだ」。これは個別性が消滅する祝祭、ヘルマン・ヘッセが『荒野のおおかみ』で書いている祝祭の場面でもある。この場面を心理学者ユングは、個体性の消滅、群衆の中への溶解、この結合がもたらすのは、差し当たっては「死」と「停滞」であると提言している。

　『MAP OF THE SOUL：7』に収録されている J-HOPE のソロ曲

「EGO」は、この物語の最終章となる。「EGO」とは「自我」のことで、「意識の中心」であり自分にとって当たり前のことだけがすべてではなく、自らの影という無意識な感覚もすべてを合わせて「自己」になる必要があるとユングは説いている（スタイン2021, pp.153-158）。

さらに、このMVは映画の『バック・トゥー・ザ・フューチャー』をモチーフにしていると思われる。「過去」と「未来」をタイムトラベルする話で「未来を予測する」ことをテーマにしている。「過去」のことを考えても何も変わらないから、「未来」から道を拓こうということだ。時計は未来に向かって進んでいるのに、反対方向に歩いていたり、一方通行の道を逆走したりと、過去に戻るような場面もある。スーツを着たJ-HOPEが登場する場面があるが、自我のみを考えて生きるエゴイストならば、未来に行くことができないということを表している。このまま自我のみを考えて生きるなら、過去へ逆行すると警鐘を鳴らし、いま下した選択によって自らの未来も変わるということを暗示している。

自我だけで生きると自分も周りも大きな不幸に陥れてしまう。自分が嫌っているものの正体は何か。様々なコンプレックス、元型、影、自我の偏った判断、その自分にあるものを理解しようと努めることが大切なのだ。意識と無意識のすべてを感じとり、これが自分の心なのだと実感できたとき、人にとってもっとも充実した幸福が訪れると言いたいのだ。

ユング心理学の説く「本当の自分自身」は、この世の外の何かと結びついており、それがユングの言う「自己」である。だから、この世でどれほど成功したとしても、どれほど偉大なペルソナを

「Permission to Dance」公式 MV 中、手話を取り入れながら踊るシーン、公開後、手話を身近に感じる人々から賞賛の声があがった（2021 年 7 月 9 日公開）。

達成できたとしても、あるいは、私的で親密な人間とのつながりを持っていたとしても、それだけで「本当の自分自身」に到達することはできないのだ（スタイン 2021, pp.210-211）。

苦楽を共に

　BTS ！ BTS ！

　世界に目を向けると彼らの名を叫ぶ者で溢れている。新型コロナウイルスによるパンデミックで世の中が混乱に陥った際、彼らの楽曲「Dynamite」が世界に勇気を与えてくれたのだ。見ていて楽しいセットから、思わず踊り出したくなるようなポップチューンなど、見る者を楽しくさせてくれる。実際に JIMIN も、「大変な状況だからこそ、この曲を通して、希望や元気を与えられたらいいなと思います。僕たちが心を込めたポジティブなエネルギーを、多くのファンが受け取ってくれることを願っています」と

語っている。[10]

「Permission to Dance」のMVはある意味でシンプルだ。誰しもが皆、笑顔で生活できる世の中になってほしいというメッセージである。ダンスの中に手話が登場し、マスクを外して大人数で楽しく踊る場面が話題にもなった。コロナ禍の影響で今は誰もが控えていることを叶えたような内容だった。

「Dynamite」は全世界で異例の大ヒットを遂げたが、彼らは悩みを抱えていた。ファンの前でパフォーマンスをすることが当たり前だった世の中が、一気に変わってしまったからだ。そんな胸の内をARMYに発信した曲が「Life Goes On」だ。MVはJUNG KOOKが監督を務め、メンバーそれぞれの内面がストレートに表現されている。このMVの主となるテーマは「寂しさ」と「恋しさ」だ。

まるで時が止まってしまったかのような街並みを眺めるVに、いつも通り歯磨きをしているJIMIN。心の内は「寂しい」という気持ちで満たされているのに、変わらぬ日常が続いていることを表している。リビングや寝室が撮影場所となっているが、それと同時に外に気兼ねなく出ることができないもどかしさも描かれている。

Vの運転する車の窓の向こうにスタジアムが現れる。そこは、ARMYとの思い出がたくさん詰まったコンサート会場だ。そこで皆(ファン)と会うはずだったのに、それがなくなってしまい

10 Apple Music の YouTube チャンネルに投稿された BTS インタビュー。「BTS Essentials」(2021/2/8)より抜粋。

遠い昔のように感じてしまう。Vの悲しげな表情から「恋しさ」が見て取れる。

　思い描くコンサート会場ではなく、客席にペンライトが置かれ、メンバーが座って歌唱するラストシーンも印象的だ。ここで印象的なのが、ラストシーンだけがモノクロで描かれている点だ。モノクロの世界は非現実的である。つまり、パンデミックに見舞われたこの世界は非現実的だという隠喩なのだ。色のないコンサート会場＝ファンのいない会場はありえないと嘆くことで、深い悲しみの感情を表現し、ARMYと一緒にいられる日常の回復への祈りが込められているのだ。

　このように、コロナ禍以降のMVは誰が見てもわかりやすく、シンプルなメッセージを伝えることを意図した内容になっている。表面的には、以前と違う環境に適応していながら、耐え難い胸の内を表現した。こうした世界中の人々の思いをBTSもまた共有しており、現状が早く改善することを願っている。この時期に誰もが楽しめる音楽を発信したことも、BTSが時代と共鳴する存在であることの表れと言えるだろう。

第二幕への序章

　2022年6月にアルバム『Proof』でカムバック（活動再開）した彼ら。タイトル曲である「Yet To Come」のMVには、過去のMVのオマージュが要所要所に組み込まれている。MVの冒頭で、JUNGKOOKが手で輪をつくりメンバーの方を見ているシーンが

上画像：「Blood Sweat & Tears」公式MV中でJINが黒い羽の像にキスする瞬間。善悪が統合されたことを象徴するようだ（2016年10月10日公開）。

下画像：「Yet To Come」公式MV中で羽が白くなった像と向き合うJINの姿。羽の色が白になっていることから、完全な善の世界になったと解釈できる（2022年6月10日公開）。

あるが、この並び位置が「Just One Day」[11]と一致している。これは、「若かった頃から成長した今の自分たちを見つめなおしている」ともとれる。また、車に乗ったJINが巨大な像を見つめる

---

11 アルバム『SKOOL LUV AFFAIR』の収録曲。2014年2月12日発表。一日だけでいいから君と一緒にいたいという願いを込めた歌で、椅子を使ったパフォーマンスが印象的だ。

シーンがあるが、これは「Blood Sweat & Tears」のMVに出てきた像と同じものだと考えられる。前作は像＝悪の象徴であり、それでいて黒い羽の像に、善悪の世界を一つにしようとJINがキスをした。それが今回、羽の色が白になっていることから、完全な善の世界になったと見ることができる。

　また別のシーンでは、「Spring Day」でも登場した電車が登場する。前回のMVでは誰一人として笑顔はなく、皆暗い表情だった。しかし今回は、乗っているのがバスに替わり、席順は同じでも皆が笑顔で話しているシーンが映し出される。これは電車やバスで、「駅」に象徴される一種の目的地に着いただけで、終わりではない、最高の瞬間はまだこれからも続くということを表している。

　過去作品の重く暗かった描写を今回で払拭しているともとれる。どこを切りとっても未来へ向かっており、まだ最高の瞬間を見つけられるのだ。そして「今後のBTSの活動にも期待してくれ！」というメッセージの表れでもある。

正義とは何か

　BTSの正義とは、世界中の人々に寄り添い、皆が共通して抱える不安を和らげることである。さらに私たちに近い存在として共に成長し、自分や他者を愛そうとする人々を温かく受け止め、時には背中を押す存在であり続けることである。BTSの世界観には彼らの考えや芯の強さ、それを前向きに発信していく力がある。しかし、もう一つ不可欠なものがある。それがファン、すなわちARMYの存在だ。

BTSメンバーが寄り添って共に困難を乗り越え、世界を明るくしていくための同伴者がファンなのである。したがって、彼らは相互に支え合っているということができる。こうした関係性をひっくるめて「LOVE YOURSELF」（自己を愛すること）となるのである。

　以上からもわかるように、彼らは差別をしない。いかなる自分でも受け止めてくれる存在である。現在の世界には、人種差別が横行し、身近なところに目を向ければ、「個性的」と言われながら、遠ざけられるようなマイノリティが存在する。彼らが堂々と生きるためには、BTSのように自分を肯定してくれる存在が必要である。彼らがなぜそのような存在になれるのか。それは、人それぞれに違いはあっても、誰の心にも宇宙が存在していることを理解しているからである。

　心の宇宙を理解する前提として、BTSの世界観に関する理論「U理論」と「ユングの心理学」との関連を取り上げよう。例えば、「n」の文字に着目すると導き出すことができる。小文字の「n」は「7」にも見える。また「n」を上下反対にすると、「U」になる。この「U理論」と「ユングの心理学」には関係性があり、『ユング　心の地図』の第9章「共時性」にたどり着く。共時性とは「意味のある偶然」のことである。ユングは「この世には、自然科学では説明できない関係があり、人の心はそうした関係を確かに感じ取ることができるのだ」と述べている（スタイン 2021, pp.269-271）。また解説本には「人の心とは科学を超える素晴らしいパワーを持つ。自然科学では、説明できないこの世の関係＝宇宙観」と説明されている（スタイン 2021, pp.294-296）。

つまり「心の宇宙」とは、それぞれが大事にしたいというアイデンティティが人の数だけあり、それを自他共に認知し合えることなのではないか。先にも述べたとおり、彼らBTSはなお未完成だという認識である。それは彼らが常に正義とは何か、課題は何かを真剣に考え、自分たちができることを考え続けている証でもある。だからこそ私たちは、彼らに心を動かされ、自分自身を認めることができる。彼らは進化の途上にある。したがって、BTSの世界観は一つではない。彼らの根底にあるものは決して揺るがないが、現時点で見えているものが、彼らが思い描く世界の一部にすぎないと考える。彼らの正義はさらに多くの人に良き影響を与え、自分を愛することができる人で溢れさせてくれるに違いない。

内に秘めた本心と飛躍の可能性

デビューから9年。彼らの成長はとどまることなく加速している。彼らは活動できなくなる日まで成長を続け、その時々に自分たちができることに精一杯取り組んでいくだろう。実際、JIMINは「いつか踊れなくなったら、他のメンバーと一緒にステージで椅子に座って歌いながらファンと交流したい」と述べている（桑畑 2021年8月, p.22）。この言葉からも、彼らは現状にとどまらず常に向上する意志を持ち、進化を続けていることがわかる。誰もが認めるトップアイドルとなっても、彼らは自分たちが未完成で学びの途中にあると語る。彼らは常に皆が抱える課題に誠実に向き合い、世界中の人々の支えになるべく活動をしている。

「自分のことについて真摯に語る」ことこそ、BTSの強みだっ

た。ARMYが彼らに求めてきたものも、その人のことが身近に感じられるような、まさにその人の香りがするような音楽と物語だった。BTSが伝えたかった物語は「どんな姿であろうと自分を認め、自己を愛する」ということではないか。彼らの世界観は、性別、人種、年齢など、相互理解をするうえで障壁となりうるすべてを取り除き、一人ひとりに「寄り添う」ものとして作られている。そしてすべての物事にポジティブに向き合う姿勢を保っている。つまりは、自らを物語の主役として考えているのだ。その中でも「自己を愛することの重要性」と「共感」を揺るぎのない軸としていることも非常に彼ららしい方法だ。

「あなたたち（ARMY）は僕たち（BTS）の存在の証明であり、僕たちの価値、信念、愛、平和、僕たちのすべてです。だから僕たちは弾丸であり、あなたたちは証明です。だから今まさに防弾になりました[12]」。2022年5月、ロサンゼルスのコンサートでのRMの発言である。これだけ見れば何を言っているのかわからないが、僕たち（WE）は弾丸（Bullet）で、あなたたち（YOU）は証明（Proof）なのである、これはBTSの曲にもある「We are Bulletproof」という意味になる。過去を振り返り、「防弾」としての道を進んでいくBTSの「存在証明」となるARMY。切っても切り離せない関係だ。「花様年華」から「MAP OF THE SOUL」までが少年から大人へ成長する過程の自我の葛藤、自分を受け入れることで心の地図を見つけて成長する、自分自身のス

12　2022年5月5日「Permission to Dance on Stage LA」におけるRMのエンディングコメントより抜粋。

トーリーであったとすると、これからの未来地図の続きが気になる。歩みを止めることのない彼らは、どんな新しい物語を紡いでいくだろうか。

🄌 参考文献

桑畑優香「BTSのアルバムに込められた深遠なる心理――『ユング 心の地図』翻訳者 入江良平氏が分析」、*Rael Sound*（2019年5月8日）、https://realsound.jp/2019/05/post-357727.html?msclkid=fc621bbebc0f11ecb6f47b4645232c2c（検索日：2022年10月13日）

桑畑優香『The Triumph of BTS』、*Rolling Stone Japan*（2021年8月号）

さこまよ「ＢＴＳ『MAP OF THE SOUL』とユング心理学の関係性」『さこまよのK沼日記』(2021年3月28日)、https://kpop-kdrama.net/bts-map-of-the-soul-jung/（検索日：2022年10月13日）

さこまよ「BTSアンソロジーアルバム『PROOF』の意味を考察：MEとWEの物語のスタート」『さこまよのK沼日記』(2022年5月6日)、https://kpop-kdrama.net/bts-anthology-proof-theory/（検索日：2022年5月24日）

鄭孝俊「BTS『Dynamite』と『Life Goes On』に見る色彩とモノクロームの二項対立」(2020年12月5日)、https://encount.press/archives/112225/2/（検索日：2022年10月13日）

Brian Hiatt（Translated by Shoko Natori）「JINが語る、歌手としての義務と使命、BTS『Spring Day』に込めた想い」、*Rolling Stone Japan*（2021年6月21日）、https://rollingstonejapan.com/articles/detail/36055（検索日:2022年10月13日）

洪錫敬著、桑畑優香訳『BTS オン・ザ・ロード』玄光社、2021年

マレイ・スタイン著、入江良平訳『ユング　心の地図』(新装版)青土社、2021年

マリー・スタイン／スティーヴィン・ヒュザー／レオナード・クルーズ著、大塚紳一郎 訳『BTS、ユング こころの地図：『MAP OF THE SOUL：7』の心理学』創元社、2022年

「BTS花様年華のストーリーを解説&考察！怖い？完結してる？見る順番は？」、*KSTYLE MAGAZINE*（2022年1月2日）、https://kstyle-mag.com/bts-the-most-beautiful-moment-in-life、（検索日：2022年10月13日）

Riddhi Chakraborty「BTS: THE ROLLING STONE INTERVIEW」、*Rolling Stone India Collectors Edition: The Ultimate Guide to BTS*日本版（CCCミュージックラボ、2022年3月）

nanamin🍠「BTS『Yet To Come』考察まとめ：MV・歌詞の意味が感動！花様年華は続いていた！」、*SAKUSAKU MAGAZIN*（2022年6月10日）、https://i711.com/bts-yettocome/ （検索日：2022年10月13日）

第3章

歌詞から読み取れる熾烈なヒューマニズムの物語

星野光晴・小吉美彩貴

韓国では毎年多くのアイドルがデビューし、そのうちのいくつかは世界的な人気を誇るK-POPを支える存在へと成長する。その一方で、多くのアイドルが人気を維持できずに解散に追い込まれる現実もあり、K-POPという大きな市場で、生き残りをかけた熾烈な闘いが繰り広げられている。2013年にデビューしたBTSも、彼らの信じる音楽を掲げて競争に飛び込み、徐々にK-POP界での地位を確立していった。

　大手事務所並みの支援体制も、話題性もない中で爆発的な人気を獲得するに至ったBTSの強みの一つに、彼ら自身のブレないアイデンティティを落とし込んだ歌詞がある。彼ら自身が年齢を重ね、時代も変わり、社会で占める彼らの地位も変わるとともに、その歌詞も成熟の段階へと進んでいった。アーティストにとっての歌詞は、彼らの生き方や伝えたいことをもっともよく表したものだと言える。

　楽曲にはそれぞれ特徴があり、個性が表れている。BTSの曲も例外ではなく、彼らの想いは歌詞に多く込められている。本章では、いちアーティストであるBTSの歌詞を分析対象とする。分析に当たっては、BTSのデビュー当初から今日に至るまで、彼らの歌詞がどのように変化し、何を伝えようとしてきたかについて、重点的に掘り下げていく。

　また、アルバムごとに歌詞の意味などを見ていくだけでなく、計量的な分析も試みた。具体的には、各アルバムの頻出語を調べるために「KH Coder」を用いてテキストマイニングを行った。テキストマイニングとは、通常の文章からなるデータを単語や文節で区切り、それらの出現頻度や共出現の相関、出現傾向、時系

列などを解析することで、有用な情報を析出するテキストデータの分析方法である（林 2002, p.2）。

　基本情報として今回、テキストマイニングに使用した総曲数は日本語バージョンやソロ曲などを除く163曲で、総語数は93,987語であった。

夢を語る若者たち

　歌詞分析にあたっては、まずアルバムを時系列順に整理してみた。はじめに、彼らのデビューアルバム『2 COOL 4 SKOOL』と『O!RUL8,2?』『SKOOL LUV AFFAIR』の「学校三部作」またはスクールシリーズとも呼ばれる3つのアルバムを分析対象とした。分析にあたっては、歌詞の意味などを見ていくだけでなく、テキストマイニングも行った。この3つのアルバムに収録されている22曲（「Skit」など、曲とは言い難いものは除く）を「KH Coder」を用いて集計した。

抽出語	回数	抽出語	回数
꿈（夢）	51	맘（心）	26
하다（～する）	45	알다（わかる）	26
다（すべて）	44	오다（来る）	25
되다（～なる）	41	가다（行く）	24
하루（一日）	34	안（～しない）	23
랩（ラップ）	32	나다（出る）	21
보다（見る、～より）	31	모르다（わからない）	21
왜（なぜ）	31	손（手）	21
말（言葉）	30	보이다（見える）	20
때（～の時）	28	방（部屋）	19

抽出語	回数	抽出語	回数
좀(少し)	28	더(さらに)	18
같다(〜のようだ)	27	너무(とても)	17

　上記の表で示されているように「꿈（夢）」という単語が一番多く、51回も使われている。その次に多いのが「하다（〜する）」「다（すべて）」「되다（なる）」と続く。「夢」という単語がもっとも頻繁に登場する点から、「学校三部作」には「夢」について書かれた曲が多いと判断できる。実際、「学校三部作」のテーマは「抑圧された若者たちの心を代弁し、夢と希望を語る」となっている。この点を踏まえて、「夢」という単語がどのように使われたかを見てみる。収録曲「N.O」では「もう他人の夢に閉じ込められて生きるな」というフレーズが数回使われる。

　特に、「Tomorrow」では「お前の夢を追え」と何度も繰り返される。さらに「No More Dream」では「お前の夢は何なんだ？」というように、聴いている人に対して「夢」を追うことを促すような歌詞が多く登場する。

　次に、上記の表で登場回数が6番目に多い「랩（ラップ）」という単語に注目したい。「学校三部作」の中に32回も登場する。「ラップ」は音楽の一つのジャンルである。「ラップ」が登場する文脈を見ると、「BTS Cypher PT.2 : Triptych」では「俺のラップは巨大な図体　お前の耳にまとわりつく　途方もなく激しくなっていく　俺たちだけの暴力」というもので、「Attack on Bangtan」では「俺はラップの怪物　下敷きにしたラッパーくずれたちを　みんな振り払って軽やかに」と使われている。デビュー間もない自

らを表現するために「ラップ」という単語を用いている。

　また、「We on」で「俺はラップの黒帯、お前たちはただの開発制限地域」というように、自分たちの「アンチ」に反撃するような歌詞もある。紹介した3曲はどれもラップ曲で、「学校三部作」にもいくつかのラップ曲が収録されている。前述のとおりBTSは「学校三部作」で「夢」について多くを語っている。また、それはBTSや若い世代の強い「怒り」を表現している。彼らが現状の若い世代に対する抑圧や社会の風潮に強い怒りや不満を持っており、それをうまく表現するのに適切だったのが「ラップ」だったというわけである。

　「ラップ」または「ヒップホップ」の起源をたどると、アメリカの黒人文化、ブラック・ミュージックにたどり着くことになる。ヒップホップは、黒人が自らへの差別などに抗して「自由や平等」を音楽やダンスに変えて表現したことがその始まりである。この点を踏まえて、アメリカのジョージ・メーソン大学のクリスタル・アンダーソン教授は、K-POPは黒人音楽の一形態か、新たな「適用」（adaptation）であると断言する（Anderson 2020）。

　こうした経緯から、韓国での若者に対する抑圧に対して、自分たちの「自由や平等」そして強い「怒り」を表現するには「ラップ」が最適と考えたのではないか。デビュー当初のBTSは韓国語のラップで自らを表現した曲が多い。「ラップ」といえば「若者」が歌うものというイメージが強く、「学校三部作」のテーマである抑圧された若者たちの気持ちを代弁するにはもっとも適合していたと考えられる。

　「왜（なぜ）」という単語にも注目したい。31回登場し、アルバ

ム『2 COOL 4 SKOOL』に収録されている「INTRO : O!RUL8,2?」では、「なぜ俺の人生に俺がいなくて　ただ他人の人生を生きるようになったのか」という一節があり、自分たちや抑圧された若者たちに呼びかけるように使われ、そこからは親をはじめとした年長世代への反発が読み取れる。

　以上の分析を総合すると、「学校三部作」は全体として、あるメッセージを帯びていると考えられる。テーマは前述のとおり、「抑圧された若者たちの心を代弁し夢と希望を語る」ことにある。「꿈（夢）」という単語がもっとも多く、また「랩（ラップ）」「왜（なぜ）」が多いという特徴も観察される。「学校三部作」は、自分たちが何者であるのか、どのようなスタイルの音楽を追い求めていくのか、というアイデンティティを前面に押し出しており、ヒップホップ色が際立つものになっている。

　BTSのデビュー当時、ラップを取り入れる男性アイドルは多かったが、BTSはヒップホップの要素をより深く取り入れたグループであり、他との明確な差別化がされていた。アルバムの構成にもヒップホップの要素が表れており、スキットやサイファーといったヒップホップ独特のトラックも収録されている。さらにヒップホップ特有の攻撃的な曲調を用い、彼らが伝えたいメッセージをストレートに表現している。悪く言えばコンセプトに縛られた「表層的」な歌詞が多い。

　「学校三部作」全体で、社会の風潮にただ従いながら生きている若者への批判と、そうした生き方を慫慂する周囲の大人への反発をストレートに歌っている。どうすればよいかわからない学生に対して、自分の人生で自分の夢を追うべきだというメッセージ

を、三部作を通じて伝えている。「夢」をテーマにした曲はありふれているかもしれないが、BTS自らが作詞に携わり、自身の過去や現在を歌詞に盛り込むことで、メッセージの一つひとつがリアリティを帯び、他のアイドルと差別化される。「学校三部作」は今日のBTSの始まりであり土台となっている。

「青春」、すべての人々にあるもの

　彼らの次なる一歩が見えるのが、「花様年華」シリーズと呼ばれる『花様年華 pt.1』『花様年華 pt.2』『花様年華 Young Forever』の3つのアルバムである。「花様年華」とは「人生でもっとも美しい瞬間」という意味が込められた言葉である。3つのアルバムに収録されている19曲（「Skit」などを除く）を集計し、頻出語を調べてみた。

抽出語	回数	抽出語	回数
더(もっと、より)	52	꿈(夢)	22
같다(〜のようだ)	46	손(手)	21
다(すべて)	45	때(〜の時)	20
크다(大きい)	45	안(〜しない)	20
말(言葉)	37	왜(なぜ)	20
사랑(愛)	36	겁나다(怖い)	18
노력(努力)	33	알다(わかる)	18
되다(〜になる)	33	이제(もうすぐ)	17
또(また)	31	좀(少し)	17
다시(再び)	30	보이다(見える)	16
하다(〜する)	27	시간(時間)	16
보다(見る)	25	제발(おねがいします)	16
아프다(痛い)	24	달리다(走る)	15

まず特徴的な点は、「学校三部作」であまり見られなかった「사랑（愛）」という単語の多さである。「学校三部作」では16回しか使われなかったが、「花様年華」シリーズでは36回と倍以上に増えている。収録曲「Dead Leaves」では「力なく消えていく僕の愛が　君の心が離れていく　引き留められない」という歌詞が登場する。

　また「I NEED U」では、「どうして1人で愛して1人で別れを告げるの」や「愛がなかったと言ってくれ」、「Love is not over」には「愛とは辛く苦しいもので　yeah　別れとは辛くさらに苦しいものらしい」という一節がある。他にも「花様年華」シリーズの収録曲のうち3曲で「愛」が使われている。どの曲も、愛を求めてはいるが、愛は儚くとても苦しいもので、それが青春であると、聴く側の若者に語りかけ、年長世代には思い出させるような歌詞が多く綴られる。

　次に、「아프다（痛い、つらい）」や「겁나다（怖い）」などのネガティブな単語が「学校三部作」に比べて多い点が特徴的と言える。上記の表が示すとおり、「痛い」は24回、「怖い」は18回使われる。「怖い」が表れた18回はすべて「Butterfly」という曲だった。「君を失うんじゃないか怖くなる」というフレーズが繰り返し使われる。「つらい」は、「Love is not over」の中で、前記の「愛とは辛く苦しいもので　別れとは辛くさらに苦しいものらしい」という一節の中に現れる。「Hold Me Tight」には「君を除けば僕の体はどうやって息をするの？　僕はいつも苦しい」との一節があり、「I Need U」の雰囲気を引き継いだような悲しさや不安を漂わせる。

しかし、別れを察しながらも執着してしまう自分との葛藤を表す「I Need U」とは対照的に、「Hold Me Tight」は、執着する気持ちをさらけ出しながら、別れを告げられることを怖れる内容である。「痛み」と「怖い」という単語は当然、ネガティブな文脈で多く使われるため、結果的にアルバム全体でもネガティブなフレーズが増えている。それによって、誰もが共感できて必ず経験しているであろう「負の感情」を巧みに表現している。

全体的に、「学校三部作」で目立ったストレートで表層的な歌詞に比べて、「花様年華」シリーズでは内面的な歌詞が多くなったと言える。「花様年華」の意味である、誰もが経験する儚くも美しい青春を描いた歌詞が多く見られ、儚い青春のひと時をファンとともに懐かしみ、また誰もが経験したような痛みを共有するような曲が、3つのアルバムには数多く収録されている。「学校三部作」同様、若者にフォーカスを当てる曲も多い半面、前作ではあまり見られなかった自分たちより上の世代の人々に向けられた曲もある。「学校三部作」では感情的に、想いをストレートにぶつけていたBTSが、理性的で大人になったような印象を与えている。

BTSが伝える愛のかたち

2017年5月21日に開催されたビルボード・ミュージック・アワード（BBMAs）授賞式に、BTSは韓国出身グループとして初めて参加し、「トップ・ソーシャル・アーティスト」部門を受賞した。BTSの人気とファンの多さを世界に証明した同賞の受賞インタビューで、リーダーのRMはファンへの感謝とともに「Love

Myself, Love Yourself」という言葉を贈った。この言葉はBTSが後に発売する『LOVE YOURSELF 承 'Her'』『LOVE YOURSELF 轉 'Tear'』『LOVE YOURSELF 結 'Answer'』で構成される三部作のタイトルになっている。

「LOVE YOURSELF」シリーズで使用される単語を集計し、頻出単語を調べると、「学校三部作」と「花様年華」とは異なり、英単語が多いことがわかる。そして頻出単語の「愛」を示す英語の「Love」が138回、韓国語の「사랑」が53回も使われていることから、BTSは特にこのアルバムにおいて、「愛」についてメッセージを伝えようとしていることが容易に観察できる。

抽出語	回数	抽出語	回数
I	175	Let	35
You	142	It	31
Love	138	속(中)	31
Oh	103	하다(〜する)	31
ME	72	Tear	30
My	71	사람(人)	30
So	59	위하여(〜のために)	27
되다(〜になる)	54	What	26
사랑(愛)	53	The	25
Just	49	알다(わかる)	24
Fine	42	Can	23
Wanna	40	Fake	23

「愛」をテーマにしている曲はとても多く、半ば定番のテーマになっているが、「愛」というテーマは同じでも、曲のメッセージはそれぞれでまったく違うと感じられるほど、「愛」は多

義性を帯びている。BTSの「LOVE YOURSELF」シリーズでも、「愛」をテーマにした曲が目立つという一貫した共通点と、それぞれ異なる「愛」について言及しているという相違点に注目しながら、「LOVE YOURSELF」シリーズの各アルバムで「Love」や「사랑（愛）」がどのように使われているか、それぞれが持つ「愛」という単語の意味がいかなるものかをたどっていく。

「Love」が使われている、シリーズ1作目の『LOVE YOURSELF 承 'Her'』の収録曲「DNA」では、「これは必然なんだ　I love us」や「運命を見つけ出した二人だから」と言った一節があり、二人の関係が偶然ではない必然の出会いであることを強調するだけでなく、「運命」や「永遠」といった単語も歌詞の中にしばしば登場する。「Best Of Me」でも「When you say that you love me（君が僕のことを愛してると言われたら）」「僕は君さえいればいい」という歌詞があり、このアルバムでは「本当の愛」を信じ、強く主張する歌詞が目立つ。

一方、『LOVE YOURSELF 轉 'Tear'』収録の「FAKE LOVE」は、「君のためにきれいな嘘を作り出す」「君のためなら僕は悲しくても嬉しいふりができた」と、愛のために偽りの自分を作り出し、本当の自分を見失うだけでなく、「愛って何が愛なんだ」と、愛の意味さえも見失う葛藤を描いている。同じ「Love」という単語を用いながら「本当の愛」について綴られた前作とは対照的に、タイトルに掲げた「偽りの愛」を表現している。

シリーズの前二作では、「本当の愛」と「偽りの愛」のような誰かに向けた愛を表現しており、他のアーティストも扱うような普遍的「愛」について言及していた。しかし、三作目の『LOVE

YOURSELF 結 'Answer'』で、BTSの伝える愛は大きく転回する。LOVE YOURSELFで表される「自己愛」だ。他者に向けた「愛」ではなく自分自身を尊重するための「愛」を重視したBTSのアルバムからは、他と差別化された彼らだけの深いメッセージ性を感じ取れる。

メンバーJINのソロ曲「epiphany」は、アルバムのタイトルでもあるLOVE YOURSELFに直接、言及している。曲では、愛すべきは自分自身であると7回も繰り返され、人を愛する前に自分自身を愛することの大切さを示している。「未熟な僕だとしても」という一言もあり、完璧な自分ではない、ありのままの自分を受け入れようとしている姿がわかる。この曲はJINがただ自身のことを曲にしたようにも見えて、聴く側に対しても自分自身を愛することの重要性を伝えている。未熟な自分を受け入れることができない人に対して、ありのままの姿を受け入れるべきだと語りかけ、寄り添っているようにも感じられる。

一方で、BTS自身も、自らを受け入れようと葛藤している最中にあることが歌詞から読み取れる。「Answer : Love Myself」では「たぶん『誰かを愛すること』よりも難しいことは『自分自身を愛すること』だと思うんだ」と、自分を愛することの難しさを語りながら、「学んでいる途中さ　自分自身の愛し方を」と、彼らもまだ完全に自分自身を愛することはできないほど、自分を愛することが難しいことを語っている。そして自分を愛せるように努力し続けようとする彼らが、自己愛がいかに重要だと伝えたいか、ということも感じることができる。

歌詞の中にはファンに向けられたと思われる「君が教えてく

BTSメンバーたちが2018年11月、日本における初ドームツアー「BTS WORLD TOUR 'LOVE YOURSELF' 〜 JAPAN EDITION 〜」のうち、3回にわたる京セラドーム大阪公演を終えた後、いたずらっぽいポーズをとっている。BTS公式Twitter「@bts_bighit」より（2018年11月24日）。©BIGHIT MUSIC/HYBE, All Rights Reserved.

れた　自分自身を愛すべき理由を」との一節がある。自分自身に対する厳しさゆえに、自らを受け入れられなかった彼らを、ファンが愛することで、自分自身を愛すべき理由を教えられたという意味である。実際にRMも「LOVE YOURSELF: SPEAK YOURSELF」最終日のコメントで、ファンからのメッセージなどで自分の愛し方を教えてもらったと言及し、「ぜひ僕を利用してください。ぜひBTSを使ってください。あなた自身を愛するために」とファンに伝えている。

　「LOVE YOURSELF」シリーズのリリース当時はBTSの人気が日に日に世界に拡大し、「韓国のBTS」から「世界のBTS」へ変容していった時期だが、一方で彼らの作る曲はファンにメッセージを伝え、ファンに寄り添うようなメッセージへと変化していったように見える。『LOVE YOURSELF 結 'Answer'』は、単なるアーティストとファンの域を超えたと言える両者の関係性を可視化したアルバムであり、受けた愛を自分たちの歌に込めたメッセージで返していきたい、という彼らの思いが感じ取れる。

同シリーズでは「愛」という意味の単語を計191回も使い、同時に意味の異なる三つの愛を通して、自分自身を愛することの大切さを語っている。従来の伝えたいメッセージを直截的に表現した曲や、若者に向けたメッセージに比べ、より聴き手に解釈を委ねるような内面的で深い意味を持つメッセージへの変化と、幅広い世代のファンを意識した曲の出現が見て取れる。

　シリーズは全体的に「愛」に焦点を置きつつも、その形は徐々に変化し、力点は他者を愛することから最後は自らを尊重し愛することの大切さへと移っていく。ファンに向けて、自分自身を愛する大切さを強調しながら、彼ら自身がファンを励ます内容になっている。こうした点から、「LOVE YOURSELF」シリーズでは、メッセージの受け手がファン＝ARMYであることが見て取れ、聴く側が彼らをより近くに感じられる曲へと変化していることがわかる。

BTSと共に変わっていくメッセージと変わらないメッセージ

　「LOVE YOURSELF」シリーズ完結翌年の2019年から、BTSは新たなアルバム『MAP OF THE SOUL : PERSONA』を始めとして『MAP OF THE SOUL：7』『BE』という三作のアルバムとシングルアルバム「Butter」「Permission to Dance」「My Universe」を次々に発表した。一連のアルバム収録曲とシングルの歌詞に使われた単語数を集計しても、使用頻度の多い単語や顕著な歌詞の傾向が見えなかったため、これらのアルバムについては、歌詞自体や、曲についてBTSが実際に発信したコメントに焦点を当て、歌詞が伝えようとするメッセージや誰に向けた曲であるかを分析し、

以前との差異について検討する。

　まず、『MAP OF THE SOUL：PERSONA』というアルバム名と、収録曲「Boy with Luv」は、発表前の2018年、「MAMA」（Mnet Asian Music Awards）のステージで披露された。メッセージは「君が僕に力を与えてくれた。君が僕に愛を与えてくれた。だから僕はヒーローになれた。だから僕は愛に溢れる少年になれた。これから君に、その心の地図を見せてあげる。夢の世界を見せてあげる」というものだ。ここでいう「君」は、前作「LOVE YOURSELF」シリーズの内容に照らせば、ファンを指していることがわかる。したがって、この曲がファンに向けたものであることも容易に推測できる。

　「Boy with Luv」の歌詞に注目すると、「あの空高くを飛んでいるんだ　あの時君が僕にくれた翼で」「高くなってしまった空　大きくなってしまった会場」という歌詞から、ファンに支えられてBTSが今の世界的な人気を得るに至ったことを暗示している。一方で、「もうここじゃ高すぎる　僕は君と目を合わせたいよ」「君がくれたイカロスの翼で　太陽じゃなく君のもとへ　僕を羽ばたかせて」と歌い、どれだけ人気が高まり、ファンとの距離が遠く感じられても、彼らは変わらずファンを想っていることをストレートに伝えている。

　「Boy with Luv」で、ファンに向けたポジティブな心境を表現したBTSは、彼ら自身の内面的な話も歌詞の中でさらけ出している。2018年MAMAで伝えた「その心の地図を見せてあげる」という部分も、こうした曲を示唆したものと解釈できる。特に『MAP OF THE SOUL：7』はユング心理学「心の地図」をもとに、

彼らが様々な自分と向き合いながら、自己を受け入れ、そして成長する過程が描かれていると考察されている。

　それを表した一つが、SUGAのソロ曲「Shadow」である。曲の中で、「お願いだから俺を照らさないでくれ」と弱さを見せる歌詞と、「お前が望んだ人生」と弱さを見せる自分を責める歌詞が交差し、曲の最後には「そう俺はお前でお前は俺だ」と、自分の弱さと自分への厳しさの両方を受け入れ、認める一節へと展開する。自分を受け入れるということは、BTSの一貫した主張である「自分自身を愛する」ことにつながっていて、ここでも伝えたいメッセージの根底に「自己愛」があることがわかる。MAMAで伝えたメッセージのとおり、彼らは彼ら自身のことで悩み、受け入れる過程までも収録曲で表現しながら、自己を受け入れるということを聴く側に訴えていると判断できる。

　『MAP OF THE SOUL：PERSONA』と『MAP OF THE SOUL：7』で、ファンへの想いや彼らが自分自身を受け入れる過程を伝えながら、改めて「自己愛」を主張したBTSだが、その後に発表した「Dynamite」やアルバム『BE』では、従来と異なるメッセージを掲げた曲が目立つ。2020年から蔓延した新型コロナウイルスと向き合い続ける日々に疲弊した人々へのメッセージである。これまで韓国の社会や若者、ファンなどに向けて曲を発信してきた彼らが、この時点ではメッセージの射程を世界に広げ、世界中の人を元気づけるような曲を発表したのである。

　2020年8月に発表された「Dynamite」は、BTSとしては初めての全編英語曲で、アメリカのビルボード年間デジタル・ソングで1位を獲得し、世界中で愛された曲となった。この曲につ

いてSUGAは記者会見でこう言及した。「『幸せ』『自信』という
メッセージを込めました。まるで走っていて転んでしまったよ
うな気分になるこの頃ですよね。そういう人に捧げる曲です」。
「Dynamite」がコロナ禍で苦しむ世界中の人々に向けた曲である
こと、そして人々を元気づける曲になってほしいと望んでいるこ
とを明かしたのである。

　歌詞を見ても、「今夜僕は星の中にいるから　僕の火花でこの
夜を明るく照らすのを見守って」と、BTSがコロナ禍で夜のよう
に暗く沈んだ社会を元気づけようとしている思いを読み取れる。
さらに、「紳士淑女の皆さま　悩みは僕に任せて集中しましょ
う」と、人々がBTSを見て聴いて楽しむ時は、悩みを忘れてほ
しいとストレートに伝える。彼らが願った通り、「Dynamite」は
世界中で愛され、数々の賞を受賞したことで、BTSが世界的人気
を確立する一曲となった。

　「Dynamite」で全世界の注目を集めたBTSは同年11月、アルバ
ム『BE』を発売した。このアルバムも「Dynamite」同様、コロ
ナ禍の社会を生きる世界中の人々やファンに向けたアルバムで
あることが、メンバーの発言からわかる。記者会見でメンバー
JIMINは「今年みんなが、コロナで止まってしまった状況になっ
てしまいました。とても戸惑い、虚しい1年を過ごしたと思いま
すが、その虚しくてやるせない思いも、今回のアルバムはそうい
う僕たちの感情を率直に盛り込んだものです」とアルバムのコン
セプトを語り、「世界が止まっているように見えて、人生は続く
ので、皆がこの些細な日常、幸せを探せればと思います。皆さん
頑張りましょう」と、同時代を生きるすべての人々にエールを

送った。

　アルバム『BE』の歌詞に注目すると、タイトル曲「Life Goes On」では、「ある日世界が止まった　何の予告一つもなく　春は待つことを知らなくて　人の気も知らずに訪れてしまった」「世界というやつが与えた風邪」と、新型コロナウイルスの蔓延で息苦しい社会が訪れたことを歌詞で示唆する。変わってしまった世界に対しては、「幸いにも僕たちの関係は今になってもまだ変わらなかったね」と、ファンを励ます。コロナ禍で対面のコンサートなどが不可能になり、直接、ファンと会う機会がなくなっても、BTSとファンの関係は変わらないと歌っている。

　コロナ禍という社会を深く傷つけた災厄に言及しながら、世界中の人々へメッセージを送ったBTSが次に発表した曲は、イギリスのアーティストでグラミー賞を7回も受賞している5人組ロックバンド、コールドプレイと共同で製作した「My Universe」である。コールドプレイのクリス・マーティンはアメリカNBCの人気トークショー「ケリー・クラークソン・ショー」（The Kelly Clarkson Show）でこの曲について、「我々はいかなる境界や区分も信じない」ことを表現した、と述べた。曲の作成に当たって、個人が持つそれぞれのアイデンティティに対する差別や偏見を超越し、共存するということに焦点を当てたのである。

　この曲の中で、「君は僕の宇宙であり　そして君は僕の宇宙で僕を照らしてくれる」「君は僕の星であり僕の宇宙だから」という一節がある。それまでBTSが「Boy with Luv」などでも、ファンの応援や愛によって成長していると伝えてきた点を考慮すると、ここでの「君」もファンであり、「僕」がBTS自身と推測できる。

さらに「今は試練も結局はちょっとの間だから」「いつまでも今のようにずっと明るく輝いていてくれ」と、ファンに想いを伝えていることが見て取れる。タイトルのとおり、ファンを彼らの宇宙自体と表現したこの曲は、全米チャートのみならずビルボードグローバルチャート200の首位にも輝き、世界中のファンに愛される曲となった。

「LOVE YOURSELF」シリーズ以降のBTSが、それまで彼らが伝えてきたメッセージの射程をさらに広げ、世界中の人々を励ます楽曲を多く発表したことは、メッセージ性の部分で彼らの曲が進化したことを示したと言える。コロナ禍という現代社会が抱える最大の課題、さらには個々のアイデンティティを超えた共存にまで焦点を当てつつ、いかなる状況でも自身がファンとつながっていることを表現している。

世界での注目度や人気が急速に高まり、アーティストとしての地位も激変した結果、ファンとの距離はむしろ遠のいた面がある。しかし、ファンへの想い、感謝に変わりはなく、それを曲でファンに伝えるスタイルは一貫していることがわかる。

BTSの「軌跡」と「奇跡」

BTSの歌詞の変化、成長過程を改めて振り返ると、まず、初期の3つのアルバムで構成される「学校三部作」では、黒人文化に根を持つヒップホップを全面に押し出した。自分たちと同じ若者に焦点を当て、親や年長世代に抑圧され、縛られる現状に警鐘を鳴らした。こうした意図は、若者たちの社会への不満や意志をヒップホップで表現している曲が多くなる形で表れた。さらに、

「夢」を意味する単語が多用され、多くの曲で自分の夢を諦めずに追うことを訴えるメッセージを若者たちに投げかけた。ストレートで表層的な表現が多く、全体的に感情溢れる歌詞が目立つ。このように、抑圧されてきた若者たちに寄り添うような形で構成された三部作で、BTSは一定数のファン層と今日に繋がる土台を作った。

　次の三部作となる「花様年華」シリーズからは、「I NEED U」や「FIRE」といった人気曲が生まれた。「花様年華」には「誰もが共感できる痛みや青春という儚くも美しい瞬間」という意味があり、シリーズ全体が懐かしき青春を思い出させるような歌詞で溢れている。「学校三部作」と同様、若年層の社会への不満などを描いた曲も多いが、「愛」という単語が「学校三部作」よりも顕著に増えており、「痛み」や「恐れ」といったネガティブな単語も頻繁に登場し、誰もが理解できる青春の儚さと痛みを多くの曲で表現している。また、ストレートで表層的な歌詞から、少しネガティブさを帯びた内面的な歌詞へ変化しており、若者のみならず、年長世代も深く受け入れることができるようになっている。

　「花様年華」シリーズの後、『WINGS』を経て、新たに三部作として発表されたのが「LOVE YOURSELF」シリーズである。同シリーズではタイトルのとおり「愛」について歌われた曲が多く、韓国語と英語合わせて191回も「愛」を意味する単語が使われた。三部作のうち、一作目では運命や永遠という単語も使われ、「真実の愛」を描いた歌詞が多く見られる。しかし、二作目では愛に対する疑問や不安、「愛とはいったい何なのか」といった歌詞が目につき、「偽りの愛」も歌われる。2つの愛を経て、三作目で

はついに「自分自身を愛する」素晴らしさに辿り着く。「花様年華」シリーズよりも受け手の幅が広がり、メッセージは若者だけでなく、すべての世代の人たちに向けられ、より深く内面的でありながらポジティブな歌詞が目に付く。一方で、聴く人によって様々な解釈ができるようになっており、自分たちだけが語りかけるというスタイルを脱している。

　「LOVE YOUESELF」シリーズの後、新型コロナウイルスが全世界に蔓延した。こうした中でBTSは「Dynamite」を皮切りに、世界中の人々を励ます曲を発信した。その結果、BTSの居場所はアジアから世界へと広がった。最初は無名の韓国の若者であったBTSは、同じ韓国の若者たちにフォーカスを当て、やがて韓国全体に、そしてメッセージの行き先は世界中の人々となった。メッセージも韓国社会への不満から始まり、青春、愛と広がり、今やコロナ禍、ジェンダーなど、世界が抱える問題へと変化していった。

　こうしてBTSは少しずつファンを増やし、今や絶大な人気を誇っているが、彼らがここまでの人気を得た原動力はもう一つある。彼らと彼らのファンであるARMYの関係性である。「LOVE YOURSELF」シリーズ以降のBTSはさらに世界での注目度や人気が高まり、彼らのアーティストとしての地位は急速に変わり、BTSとファンの距離も遠のくかのように見えた。

　しかし、歌詞の根底にあるファンへの感謝や、ファンを想う気持ちは変わらず、それを曲でファンに伝えるスタイルも一貫している。初のファンソングとして収録されたのは『WINGS』に収録されている「2！3！」で、その後も『LOVE YOURSELF 轉

'Tear'』収録の「Magic Shop」、『MAP OF THE SOUL : PERSONA』に収録された「Mikrokosmos」などがある。どの曲もここまで伴走してくれたARMYへの感謝が歌詞に込められており、またファンを導くような歌詞もある。これらの曲の他にもファンソングは多数存在し、BTS自らが言及してはいないが、解釈次第ではファンに向けた曲ではないかとみられる余地のある曲もある。こうした曲の存在ゆえに、ARMYがBTSにとっていかに大きい存在であり、両者の距離は遠のいたように見えても、常に傍にいるとBTS自身が感じていることがわかる。

　デビュー当初から少しずつ変化してきた歌詞のメッセージと、想定される受け手の変化、一方で一貫して変わらないファンへの感謝。この2つが相まってBTSは世界のトップアーティストへと成長したと言えるだろう。

メッセージの根底に流れ続けるヒューマニズム

　BTSがこれまで伝えてきたメッセージには、個々の人間性を尊重する内容が多くみられ、メッセージの根底にヒューマニズム的な思想が存在していることが見て取れる。ヒューマニズムとは、人間特有の本性、生まれつき備えている性質である人間性を尊重し、思想や社会的な圧力などの非人間的要因から人間を解放することを目指す考え方である。住んでいる国が違うだけでも思想や社会の雰囲気がまったく異なる現代にあって、多くの人に受け入れられる彼らの曲は、私たちが人間であるという共通点を尊重したヒューマニズム的視点で作られていると言える。

　「学校三部作」では、若い世代の人たちが韓国社会や上の世代

から受けている束縛や抑圧という非人間的要因から彼らを解放するために、不満や「怒り」を歌に変えている。他からの干渉を超えて自分たちの「夢」を追求せよ、すなわち自分自身を尊重して生きることを訴えかけているという点で、ヒューマニズムと合致していると言える。つまり「夢」への強い執着もまた、ヒューマニズムから派生したものと考えられる。

「LOVE YOURSELF」シリーズでBTSが語るメッセージの真意は自分自身を愛することである。自分に対して厳しいからこそ未熟な部分を受け入れることができずに悩み、無意識に周りと比較してしまうことで苦しむ人に、自分自身を受け入れる大切さを伝えている。未熟であってもありのままの自分の人間性を尊重するという部分で、ヒューマニズムと通底するメッセージと言える。さらにBTSは、人を愛するためにはまず自分を愛することが必要であるということも主張する。これは、自らを尊重することで非人間的な要因から自由になり、さらに他者への人間性を尊重することができるようになるという流れと捉えることができる。非人間的な要因を除いた人と人とのつながりこそが「愛」であるとBTSは捉え、他者に向けた「愛」を形成するためには「自己愛」が欠かせないものであると伝えている。

　BTSは新型コロナウイルスが世界に蔓延したことを受けて、疲弊した社会に向けたメッセージの発信を始める。コロナ対策として様々な社会活動が規制された社会は、彼らが以前に言及していた社会風潮や慣習、固定観念などによる非人間的な抑圧にも増して、目に見える形で人間活動に影響を与える規制となった。この規制を受けて、彼らはファンを超えた世界中の人々にまでメッ

セージの射程を広げ、すべての人々へ励ます言葉を綴った。さらにコロナという現代社会の苦悩だけではなく、個々のアイデンティティの共存というより大きな課題にも言及する。人間を何かしらの要因で区分したり、境界線を設けたりする社会の偏見から解放し、人間性を尊重し合い共存することを呼びかけたこの曲にもヒューマニズムを感じることができる。

　このようにメッセージの射程が広がっていっても、BTSはファンとのつながりを大切にすることを忘れず、応援にこたえる形でファンへのメッセージを送り続ける。彼らはファンに対してメッセージを送りながら、ただ感謝を表するのではなく、ファン自身が自分のことを愛することができるよう、「自己愛」を形成できるよう、ファンという他者に向けて「愛」を形成しようとしていることが見て取れる。そして非人間的な要因を取り払い、BTSとファンという人間的な要因だけでお互いを尊重し合おうとしているようにも見える。

　現代を生きていくためには、社会の一員として一定の制約のもとで他者と関わっていくことが不可欠である。しかし、社会からの影響を過度に受け入れると、固定観念や同調圧力などに縛られてしまいかねない。それによって自己形成や自己愛が阻害されてしまう状況を危惧し、人々に非人間的な要因にこだわらず、自己を受け入れる重要性を語るのがBTSである。

　社会批判や自己を受け入れる重要性を伝えるメッセージを送るBTSが各国で受け入れられている背景には、人々の悩みの原因が共通していることもあると思われる。国ごとに社会からの圧力や固定観念、偏見など、人々が受ける非人間的圧迫のあり方には差

異があるが、こうした非人間的要因が人々を悩ませる要因になっていることに変わりはない。無意識に非人間的な要因に拘束されている自らを捉え直し、それから自己を解放することを目指すことがBTSのメッセージの根底にあるのではないだろうか。

〔〕参考文献

林俊克『Excelで学ぶテキストマイニング入門』オーム社、2002年

Crystal S. Anderson, *Soul in Seoul: African American Popular Music and K-pop*, Univ. Press of Mississippi, 2020

洪錫敬著、桑畑優香訳『BTSオン・ザ・ロード』玄光社、2021年

Newsweek（『ニューズウィーク日本版』）第37巻15号（2022年4月12日）

「BTSの名曲100選」、*Rolling Stone Japan*（2022年7月18日）、http:// rollingstonejapan.com/articles/detail/38010/21/1/1（検索日：2022年10月18日）

「コールドプレイ×BTS：「My Universe」は"差別を超えた共存"のメッセージ」、*Modelpress*（2021年9月24日）、https://mdpr.jp/k-enta/ detail/2785426（検索日：2022年5月31日）

「BTS：『BE』グローバル記者会見全文訳」、*Modelpress*（2020年11月20日）、https://mdpr.jp/photo/detail/8904849（検索日：2022年5月31日）

「防弾少年団、2017年BBMAsを振り返る」、*Billboard JAPAN*（2017年5月26日）、https://www.billboard-japan.com/d_news/detail/51448/2（検索日：2022年5月31日）

第**4**章

マーケティング戦略から見るBTSの売上方程式

太田雅子

今や世界的なアイドルになったBTSは、どの程度の経済的な価値を生み出しているか？　この点について、韓国のある民間シンクタンクは2018年、BTSが毎年約36億ドル（約4,700億円）以上の経済的価値を韓国に与えていると分析した（現代経済研究所2018）。これを受けてアメリカ経済専門誌*Fortune*は2022年10月、BTSのメンバーたちが兵役に就き、グループ活動を停止することにより、韓国は年間数十億ドルを稼ぐチャンスを逃すと報じた。ここで同誌は、2014年から2023年までBTSが韓国経済に少なくとも294億ドルの付加価値を生み出すと想定した（Taylor 2022年10月18日）。

　当代最高のワールドスターとしてのBTSの実力は、数字や統計によって証明される。国際レコード産業連盟（IFPI）が2022年3月に発表した「IFPI Global Music Report 2022」において、BTSは「2021年のグローバル・アーティスト」（IFPI Top 10 Global Recording Artists of 2021）部門1位に輝いた（IFPI 2022）。前年2020年から2年連続で1位を守ったのは、世界でBTSが唯一である。

　アメリカレコード協会（RIAA）は、2018年の1年間の売上実績により、BTSのシングル曲「MIC Drop」をプラチナ認定（100万枚）し、アルバム『LOVE YOURSELF 結 'Answer'』とシングル曲「IDOL」をゴールド認定した。さらに、IFPIによれば、2020年、フィジカル（CV・DVDなど）と、デジタルを合わせた全アルバム順位で1位と4位を記録した『MAP OF THE SOUL：7』と『BE』は、フィジカル売上がそれぞれ480万枚と269万枚で1位と2位をとった。8位の日本語版（約117万枚）も含めると、年間売上はフィジカルだけで866万枚に上る。2021年にビルボード

チャート1位を獲得した「Butter」のストリーミング回数は実に17億6,000万回。こうした数字は、デジタルとフィジカル両方で、BTSがいかにグローバル・ポップ市場を牽引してきたかを物語る。

音源の販売実績だけではない。ビートルズによる初のスタジアム・ツアー（1965年）以来、ポップの聖地となったアメリカ各都市のスタジアムや、マイケル・ジャクソン、クイーンなどの「伝説」が刻まれているイギリス・ロンドンのウェンブリー・スタジアムなどを埋め尽くした2018〜19年のワールドツアーは、時代を象徴するポップスターとしてのBTSの存在感を遺憾なく示した。1950年代のロックンロール誕生以来、ポップの歴史を目撃してきた英米圏のメディアが、BTSを時代の象徴と規定せざるを得なかった所以にほかならない。

本章では、なぜここまでBTSが世界中の人々の心を摑み、ファン層を形成することができたのか、具体的な数値と併せてマーケティングの観点から掘り下げてみたい。そこでBTSの所属事務所であるBig Hit Entertainment（以下Big Hit=現HYBE）が産出するコンテンツの売り方や、BTSが高い売上を誇る要因について考察する。

収益性の中身

まずBig Hitの直近の事業報告書をもとに、BTSの売上の詳細を見ていく（HYBE 2021年3月22日）。なお、BTSの所属事務所であったBig Hitは2021年3月に社名を「HYBE」に変更し、会社の再編成を行った。同社の音楽レーベルは「ビッグヒット・ミュージック」として存続しているが、HYBEにはSEVENTEEN、

TOMORROW X TOGETHER、ENHYPEN、LE SSELAFIM などの
グループが所属している。つまり2021年度以降は、これらのグ
ループを包括した収益を合算しているため、BTSを売上の主軸と
していた2020年までとは売上構成が明らかに異なる。

　本章では、Big Hit の2020年度（2020年1月～2020年12月）事
業報告書をBTSの売上データとして扱った（2022年7月現在）。
HYBE 設立後の2021年度以降は、明白にBTSのみの売上と判断
できる場合のみ、該当するデータを用いて見ていく。それを踏ま
えて、Big Hit の過去3年間の製品・サービスごとの売上高を以下
の図で示す。

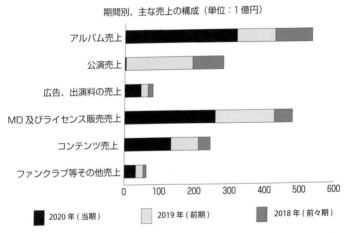

「Big Hit Entertainment 2020 事業報告書」（2021年3月22日）に基づく。韓国のウォ
ン（連結財務諸表基準）を円に換算した。

　ここには、主な売上高として6つが提示されている。音盤や音
源などの「アルバム売上」、コンサートやファンミーティングな

どの「公演売上」、広告収益・出演料収益など「広告・出演料の売上」、公式商品（MD）、IPライセンスなどの「MD及びライセンス販売売上」、映像コンテンツ、映像出版物などの「コンテンツ売上」、「ファンクラブ等その他売上」である。2019年から2020年にかけては、新型コロナウイルス感染症の影響を受けた「公演売上」を除いて、すべての項目で売上が増加し、損益も赤字から黒字に転換している。さらに2020年度においては特に、レコード、音源などの「アルバム売上」が前年比3倍増の3,206億ウォン（約330億円）、「MD（公式商品）及びライセンス売上」が前年比約1.5倍増の2,590億ウォン（約267億円）を記録した。

では、「アルバム売上」や「MD及びライセンス売上」はどのような形で収益を上げていったのだろうか。売上比率を国内、国外、オンラインに細分化して見てみよう。

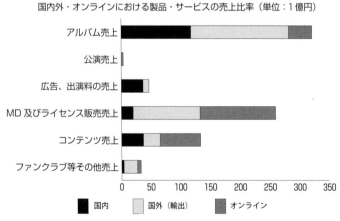

国内外・オンラインにおける製品・サービスの売上比率（単位：1億円）

「Big Hit Entertainment 2020事業報告書」（2021年3月22日）に基づく。韓国のウォン（連結財務諸表基準）を円に換算した。

2020年度において特に目立った売上要因として、以下の4項目に着目する。「国外・アルバム売上」は前年比約2.5倍増加の1,637億ウォン（約168億円）を記録、「国外・MD及びライセンス」の売上は前年比約1.4倍増加の1,128億ウォン（約115億円）だった。「オンライン・MD及びライセンス」は前年比約2.1倍増加の1,262億ウォン（約129億円）、「オンライン・コンテンツ売上」では前年比約22倍増加の6,801億ウォン（約700億円）を売り上げた。このことから、オンライン上のコンテンツ売上が著しく増加したことがわかる。

　2020会計年度の「公演売上」は「オンライン」のみで34億ウォン（約3億8,000万円）。他の項目に比べて売り上げが大きく落ち込み、グラフの表示がほとんど消えてしまうほどとなった。新型コロナウイルス感染症の拡大により、開催予定であった「BTS MAP OF THE SOUL TOUR」が中止・延期に追い込まれるなど、BTSも多大な影響を受けた。こうした予想外の売上急減をカバーしたのが、上述した4つの売上項目であった。

初の1位獲得以降の売上要素

　BTSの売上増の流れについて、さらに具体的な数値や順位を参照して振り返る。加えて、BTSは一般大衆に何を訴え、ファンや購入層を確立していったのかを追っていく。

　韓国のアーティストは発売した曲に関連するプロモーションを数週間にかけて行い、その一環として音楽番組に出演する。BTSは2015年4月に発表した3番目のミニアルバム『花様年華pt.1』に収録されている「I NEED U」で、デビュー692日目となる同

年5月5日、SBS MTV音楽番組『The Show』において初めて1位を獲得した。[1]同年の年間アルバム売上枚数は、デビュー年の売上枚数の約10倍に迫るといった成績を残している。これを皮切りに販売アルバム数を年々積み上げ、今日に至るまでK-POP界を代表する功績を残している。韓国における国内人気を磐石にしたことで、さらなる市場の開拓へと乗り出したのである。

　BTSは、韓国市場での売上を堅調にした後、市場を拡大してさらに売上を伸ばしていったが、次の図は、地域別売上高の変化をよく示している。

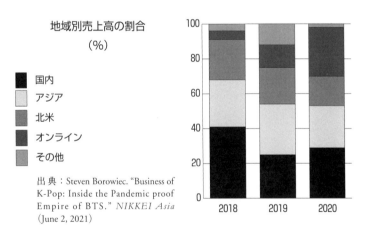

地域別売上高の割合
（％）

■ 国内
□ アジア
■ 北米
■ オンライン
■ その他

出典：Steven Borowiec. "Business of K-Pop: Inside the Pandemic proof Empire of BTS." *NIKKEI Asia* (June 2, 2021)

1　『花様年華　pt.1』のタイトル曲「I NEED U」は、オリエンタルムードのメインテーマとアーバンスタイルが調和をなしたエレクトロヒップホップ曲で、消えていく愛をつかまえようとする不安を歌っている。「U」は「YOU」の略語。BTSは「I NEED U（Original ver.）」のMVをはじめ、計30本以上の億単位再生回数のMVを持っている（朴2021年3月16日）。

グラフからは、アジアがBTSにとって国内に次ぐ大きな市場であることがわかる。さらに、2020年度には、オンライン売上が国内売上を抜き、地域別で最大のシェアを占めた。

　ここまでのデータから、BTSの売上高増加の要因は、堅調に推移する国内（韓国市場）売上を土台に、国外及びオンライン市場における「アルバム売上」「MD及びライセンス売上」（オンライン市場のみ「コンテンツ売上」）が貢献していることが観察される。こうした売上傾向はとりわけ「2019年から2020年」の時期に、質量ともさらなる進歩を遂げつつ、強まっていった。

海外市場に浸透した兆候

　BTSは、国内の売上を維持しながらアジア、北米、オンラインなどの新たな市場で売上を拡大していった。こうした兆候はどのような局面で見られたのか、市場における順位や、消費者（ファンないし一般大衆）の反応を追っていこう。

　韓国市場における分岐点は、前記のとおり、2015年5月発売のアルバム『花様年華 pt.1』のタイトル曲「I NEED U」による韓国音楽番組初の1位獲得であった。一方、海外市場におけるBTSの地位が明確に示されたのは、2017年下半期から公開が始まった「LOVE YOURSELF」シリーズであった。

　なお、2016年10月10日に発売された2枚目のフルアルバム『WINGS』がビルボードHOT200で26位を記録、同年5月発売の『花様年華 Young Forever』、前年11月発売の『花様年華 pt.2』もそれぞれ107位と171位に再浮上するなど、アメリカの音楽市場進出「前」にBTSはすでに頭角を現していた。ただし、ここで

はBTSの市場開拓における明確な分岐点として、公演や授賞式への参加など、音楽活動のチャート以外の事柄をも考慮してみたい。下の表は「LOVE YOURSELF」シリーズの活動実績をまとめたものである（タマール 2021, pp.51-69）。

『承'Her'』(2017年9月18日)	
・韓国ガオンチャート、日本オリコン1位 ・ビルボードHOT200では初登場7位 →10位以内は史上初の快挙 ・「DNA」：ビルボードHOT100で67位 →韓国の男性グループでは初 ・翌年2月にBTS初のアメリカレコード協会(RIAA)よりゴールド・ディスク認定	・同年11月、「アメリカン・ミュージック・アワード(AMAs) 2017」で新曲「DNA」を初披露 **→世界最大のアメリカ市場に乗り出す劇的な転換点** ＊2016 〜 2018年のAMAsの視聴者数：820万人→915万人(BTS初参加)→659人(BTS未出演)
『FACE YOURSELF』(2018年4月4日)	
・「LOVE YOURSELF」と間接的に関連 ・日本の音楽チャートで高い評価を受け、ターゲット市場ではなかったアメリカのチャートでも上位に食い込んだ **→世界の二大音楽市場でいかに成功したかを証明**	・ビルボードジャパン・ホット100で25位 ・オリコン・シングルチャート18位 ・アメリカのビルボードHOT200で43位
『轉'Tear'』(2018年5月18日)	
・ビルボードHOT200で初登場1位 →アメリカのメインチャートで韓国人アーティストのアルバムがトップは初の快挙 ・「FAKE LOVE」がビルボードHOT100で初登場10位を記録 →韓国のグループでは初、アメリカの主要な音楽チャートの上位に入った英語以外の言語による17番目の楽曲	・グラミー賞で「ベスト・レコーディング・パッケージ部門」にノミネート →もっとも権威のある国際的なノミネート、全米で多くのBTSの曲が一斉に売れ、繰り返し聴かれていたことを意味する

『結'Answer'』(2018年8月24日)	
・ビルボードHOT200で初登場1位 ・「IDOL」がビルボードHOT100で11位、イギリスの公式シングル・トップでは40位に初ランクイン、ベスト21位を記録	「IDOL」：韓国の伝統的な音楽スタイルと南アフリカのハウスビートを取り入れる（＊自分自身を愛すること、グループの成功についてのアンセムでもある→これらのテーマは「LOVE YOURSELF」シリーズにすべて反映されている）

　さらに、BTSは途中で日本におけるプロモーション活動をも挟むことで、日米両音楽市場での存在感を拡大していった。こうした2018年のBTSの功績は、国際的にも認められた。冒頭で触れたIFPIが毎年発表する「IFPI Global Music Report」の2018年度版では、BTSは「グローバル・アーティスト」（IFPI Top 10 Global Recording Artists of 2018）に初めて2位でランクインした。同年の「LOVE YOUESELF」シリーズ後のアルバムは、翌年4月発売の『MAP OF THE SOUL: 7』へと続き、BTSは「ファン人気」があるだけでなく「一般大衆にも馴染みのあるアーティスト」へと成長を遂げたのである。

コンテンツを繋ぐ物語とその共感性

　BTSの韓国内での人気に火を点けた「花様年華」シリーズには、ある大きな特徴がある。当該期間に発売・発表されたコンテンツの中に、彼ら7人の物語を想起させる工夫があらゆるところに散りばめられていことである。例えば、ミュージック・ビデオ「花様年華 on stage : prologue」（2015年10月2日発表）には、2015年11月30日にリリースされたアルバム『花様年華 pt.2』収録の「Butterfly」が使用され、BTSのメンバーたちが仮想の物語を演じ

ている。

　彼らが「演じている物語」は現実に即するものではない。それなのに、なぜ消費者は物語に惹きつけられるのだろうか。物語自体の意義について、メディア情報学専門の星野准一（筑波大学教授）はこう述べる。

> 「私たちの日常生活では、ストーリーをつくり出したり伝えることが重要な役割を果たしている。……さらに、ストーリーは自分がその場にいるように出来事を体験することを可能にしたり、感情を引き起こすなどの機能ももっている。」（星野 2004, p.29）

　「花様年華」シリーズにおいて「青春」をテーマに、メンバー7人で楽しげに過ごす姿は、ファンにとって「あたかもBTSに代わって、あるいはBTSの近くで青春を送る自分の姿」を想起させる効果があるということである。

　「花様年華」シリーズを中心に分析したBTSの物語であるが、同シリーズ以降も人気を高め続ける要因の一つに、物語に「共感」が含まれていることが挙げられる。これはマーケティングにおいて非常に重要な概念である。

　パーミッション・マーケティングの提唱者として有名なセス・ゴーディンは、マーケティングの肝に共感を掲げ、さらに「非営利の組織で資金調達をする人の苦境」を例にとって説明している。

> 「私たちがお金を払うものは、投資であれ、些細なものであれ、何らかの経験であれ、すべて値打ちがある。だからこそ、それを

買ったのだ。お金を払った以上の価値がある。そうでなければ、買わないはずだ。」（ゴーディン 2020, p.72）

　これに呼応する「共感」は、非営利の組織に寄付をする人々をモノを買う消費者に転じさせる構造を説明してくれる。つまり、消費者の持つ「これは払うお金以上の価値を得られる」という思いに生産者であるBTSがこたえて、お金以上に価値のある選択肢を提供する、という「共感」のメカニズムである（以下、ゴーディン 2020をもとに筆者作成）。

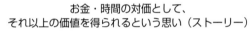

お金・時間の対価として、
それ以上の価値を得られるという思い（ストーリー）

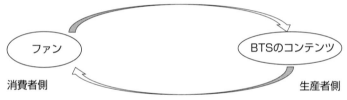

ファン　消費者側

BTSのコンテンツ　生産者側

ファンが持つストーリーに「共感」し、
お金以上に価値のある選択肢を提供する

　上述の「共感」の方向は、「BTSのコンテンツ」から「ファン」に向かって伸びている。端的に言えば、「どうすればファン（消費者）が生産者（販売者）にお金を払うか」という構図を説明している。しかし、BTSの場合、「共感」という概念はそれだけでなく、「ファンからBTSに向かう共感」と、「ファンとファンの間で繰り広げられる共感」、合計3つの「共感」があると思われる。残りの2つを、既出の図に付け加えながら解説していく。
　まず前者の「ファンからBTSに向かう共感」であるが、これ

はファンがBTSのストーリーそのものに「共感」する構図である。BTSの人気について分析した記事では、彼らの何に惹かれているかという質問に対して「勉強や人生がつらく感じる時、彼らの曲を聴くと元気になる」「個人的に苦しいことがあった時期だったけど、何度も彼らの歌に救われた」と答えたファンの声が紹介されている（大部 2021年5月22日）。BTSが生み出す曲やコンテンツに対して、ファンは共鳴する部分を内包する。その結果、心の拠り所としてBTSを捉えていく。これこそが、「ファンからBTSに向かう共感」だと考える。

　後者の「ファンとファンの間で繰り広げられる共感」は、24時間365日、時間も場所も問わず年中無休で展開されている。それがSNSの世界である。ここで、ファン同士が繋がる環境からBTSのコンテンツに向かう「共感」を、下の図で詳しく見ていこう（以下、ゴーディン 2020をもとに筆者作成）。

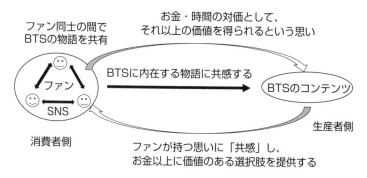

　これまでにもTwitterにおいて、BTSのファンが発信するハッシュタグが「トレンド入り」することが多数あった。それだけではなく、言語に精通しているファンがいち早く歌詞を把握し翻訳

することで、BTSのコンテンツはあらゆる言語に変換され、瞬く間に全世界へ拡がっていく。つまり、個々のファンが抱いた共感がファン同士の間で共有されることによって、さらに大きな共感の渦が巻き起こるのである。

BTSに関連するハッシュタグがトレンド入りするのは、ファンダムの大きさも関係しているという見方もできる。しかし構造的には「一ファンが発信した『共感』がSNSを通して他のファンに伝わり、さらなる『共感』を生む」、いわば「共感が共感を生む」共感の連鎖ともいうべき仕組みがBTSのコンテンツの中に組み込まれているのである。

トランスメディア・ストーリーテリング

Big Hitの2020年度事業報告書によれば、「アーティストと音楽を拡張性のある強力な知的財産権（IP）にするために、各アーティストのキャラクターとコンセプトに合ったストーリーを与えている」という。さらに、「これらの戦略は、音楽を様々なコンテンツに拡張して収益を多角化するための基盤になるだけでなく、当社の消費者がストーリーに対する深い理解と境界を通じて、強力なファンダムを形成できるようにしている」という（HYBE 2021年3月22日）。

「花様年華」シリーズによって一気に知名度を得たBTSの物語は、消費者がそれに気づくはるか前に強力な形で形成されていたのである。現在、BTSが無料で公開しているミュージック・ビ

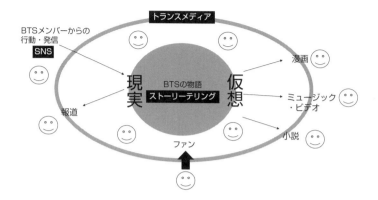

デオ（MV）、マンガ[2]、有料の小説[3]など、コンテンツは多岐にわたる。BTSを知る入り口は複数あり、どのメディアから入ってもBTSの魅力に十分に気づくことができる。このことが、BTSの知名度の向上と人気の獲得に貢献した要因の一つであると言える。

　そして、単一のメディアだけでは理解することのできなかったストーリーについて知りたいという欲求が消費者＝ファンに生まれる。なぜなら複数のメディアに散りばめられた物語は、不完全な情報として消費者に届くからだ。これを「トランスメディア・ストーリーテリング（transmedia storytelling）」という。

　例えば、前述した「花様年華」シリーズであれば、同シリーズ

2　韓国の「webtoon」や、日本で展開する「LINE マンガ」は時間制約があるものの一部無料で閲覧できる。

3　BTS JAPAN OFFICIAL SHOP にて公式に発売された「花様年華 THE NOTES」シリーズは、完売して現在も取り扱いがない程人気を博している。https://bts-officialshop.jp/collections/ 花様年華 -the-note（検索日：2022 年 7 月 25 日）。

でメンバー個々が演じる「仮想の彼らの姿」は各メディアによって「醸成される」が、一方で現実世界ではBTSのメンバー7人それぞれが公表した「本当の彼らの姿」は「報道される」。彼らに関する「仮想」と「現実」の情報が入り混じり、メディアも「醸成」と「報道」の二面性を持って作用するために、より複雑なトランスメディア・ストーリーテリングの構図が出来上がる。

物語をより「リアル」にするために

Big Hitは2020年2月4日、「共同体と共にするBig Hit会社説明会」を開催し、ツアーが開催される都市で運営する「ツアーポップアップ」と、ツアーと無関係な地域において常設する「複合体験空間」形態の2つのポップアップ事例を成功ケースとして紹介した(『朝鮮日報』2020年2月5日)。前者は、2019年のBTSのワールドツアー「LOVE YOURSELF：SPEAK YOURSELF」と連携し、開催都市で展開されたポップアップストア「BTS WORLD TOUR POP-UP STORE」を指す。アルバムでもなく、商品でもなく、アーティストのアニバーサリー・イヤーでもなく、ただ単にアイドルグループのポップアップストアを開くことで、オン・オフ両方でのシナジー効果を図ったのである。

さらに面白いのは後者の発想である。後者は、そのポップアップストアのコンテンツと規模を超える構成で、2019年10月18日から2020年1月5日にかけて韓国・ソウル江南区で展開された「HOUSE OF BTS」を指す。このイベントの大きな特徴は、Big Hitが作り上げた空間とそこに入場する人々が、相互に関わり合うことで生まれる体験が備わっていることである。例えば、体

験型ショールームの「DNAテーマゾーン」は、ミュージックビデオの中のカラフルな宇宙背景が3面に広がるプロジェクションルームで造成された。観覧客が中央にあるタッチパッドを操作すれば、3面空間全体が動く幻想的なインタラクションを五感で体験することができるのである（田中 2021, pp.106-107）。グッズ販売だけに焦点を絞ると既存のファンに向けたイベントになるが、そこに空間体験の楽しさが加わったのである。

　これにより、ファンはトランスメディア・ストーリーテリングに「実体験」を伴う形で参加することができるようになった。実体験を持つことで、あたかも自分がその場にいるような感覚を引き出し、さらに大きな感情を生み出す。つまり、「HOUSE OF BTS」には前述の星野（2004）が言及したストーリーの特徴を存分に生かした構成で、ファンが内包する感情を最大限に引き出す仕掛けが備わっていたのである[4]。

　トランスメディア・ストーリーテリングを理解したところで、もう一度BTSの売上を振り返る。2020年度の売上増加要因として、「国外・アルバム売上」「国外・MD及びライセンス」「オンライン・MD及びライセンス」「オンライン・コンテンツ売上」の4項目を先に挙げた。BTSが綴る物語に直接的な関与のある「アルバム」の売上が伸びることは、容易に考えられる。しかし「MD及びライセンス」や「コンテンツ」といった、音楽から派生した

4　「HOUSE OF BTS」はその後、Big Hit が直接メキシコシティと東京・大阪・福岡にパッケージごと輸出し、韓国・メキシコ・日本の3か国合わせた月間動員数が40万人にも上った（田中 2021, p.107）。

商品はどのように消費者へ受け入れられたのだろうか。ここから
は、具体的な商品とともに、BTSの音楽を軸に生み出された物語
が「コンテンツ」に反映されている様子を詳しく見ておこう。

物語とIPとの相乗作用：「BT21」

　知的財産権（IP）は、ミュージシャンにとってもっとも重要な
要素である楽曲、演奏、録音物などが保護される権利であり、収
入源でもある。とりわけ著作権が保護された楽曲は、演奏権許
諾料、録音権許諾料（楽曲が再生されるごとに発生）、シンクロナ
イゼーション（歌が映画やテレビ番組、広告で演奏されるときなど）、
その他の音楽出版権から多額の収益を生むことができる。しかも、
IPは音楽の領域にとどまらず、当該ミュージシャンのブランド
化に伴い、さらに拡散し、新たな収入源をもたらす。

　前述したとおり、BTSは自らのIPを物語と結合させることで、
収入を拡大してきた。そして音楽的な成功にとどまらず、BTSの
IPポートフォリオは、書籍、コミック、ミュージック・ビデオ
（MV）、バラエティー番組、ドキュメンタリー、モバイルゲーム、
DVD、ストリーミング、教育などに拡散していった。こうした
BTSのIP戦略は、「BTS Universe」（BU）と呼ばれる架空の世界を
も創り上げるに至った。

　IPを有効活用し、ユニバースを広げるにあたり、BTSはライセ
ンシングなどの手法で新しい収益源をもたらした。その一環とし
てBTSは、数多くの架空のキャラクターと製品を開発しており、
その成功例の一つが「BT21」プロジェクトだ。

　BT21は、BTSとLINE FRIENDSが共同して作り上げたキャラ

クターブランド制作プロジェクトである。このプロジェクトには、BTSのメンバーに似たマスコットや様々なファッション、文具、化粧品、食品が含まれる。

LINE FRIENDSは2011年にモバイルメッセンジャー「LINE」（ライン）のスタンプキャラクターとして誕生し、以降キャラクター制作を中心に事業を拡大している企業である。ラインのキャラクター軍団は大きく2つに分類される。熊のブラウンを中心とした「ブラウン＆フレンズ」と、国内外の人気芸能人などと協業して開発する「フレンズクリエイターズ」の2種類があり、BT21は後者の最初のプロジェクトに相当する。

LINE FRIENDS は自らのIP事業について、「既存の会社が芸能人を活用してIPを開発する場合は、該当芸能人の外見やスタイルの肖像をそのまま使用するか、アバター型に似たキャラクター製品を作ってファンダムを攻略する方式がほとんどだった」と説明する（LINE FRIENDS 2021）。

しかしBTSの場合、必ずしも以上のようなキャラクター製作方針を取っていない模様だ。なぜならBTSのキャラクターは、BTSメンバーたちの肖像などをそのまま使用するものではなく、まったく新しい創作物だからである。言い換えれば、LINE FRIENDS はBTSメンバーたちとのインタビューなどを通じて、世界観やストーリーなどを再構成し、新たにキャラクターを作り

上げたのである。このような過程を経てビジネス化されたキャラクター製品は見事に成功した。

　BT21はどのように創られ、またメンバーとBT21のキャラクターの関係性がいかなるものかについては、関連YouTubeに詳しく投稿されている。「BT21 UNIVERSE 1 – EP.01」と題するBT21のヒストリーは2022年10月現在、997万回の再生、38万件の高評価を得ている。LINE FRIENDSが公開している「創作された」BTSメンバーたちのキャラクター情報は以下のとおりである。

考案者	キャラクター名・キャッチコピー	キャラクターの説明
RM	KOYA・お利口ねぼすけ	利発で何でもそつなくこなせるKOYA。考え事も多く、たくさん眠るねぼすけです。#オールラウンダー #まくら #眠そうな目 #着脱可能な耳
JIN	RJ・優しいグルメ王	食べるのも料理するのも好きなRJ。ふかふかの毛と暖かな心づかいで皆を包み込みます。#お辞儀 #温和 #パーカー #もぐもぐ
SUGA	SHOOKY・ちんまりプチないたずらっ子	小さな体にイタズラ願望ぎっしりのSHOOKY。お友達とふざけ合うのが一番好きで、牛乳が一番苦手です。#いたずらっ子 #表情豊か #ちんまり #プチサイズなお友達
J-HOPE	MANG・不思議なダンスマシーン	踊っている時が一番カッコいいMANG。いつも仮面をかぶっていて、正体は謎に包まれています。#ハート型の鼻 #仮面 #ミステリアス #超絶ダンサー

5　「BT21 UNIVERSE 1 – EP.01」は、YouTube 上に 2017 年 10 月 16 日に初公開された。https://www.youtube.com/watch?v=OCtCmqoP2RI（検索日：2022 年 10 月 22 日）。

考案者	キャラクター名・キャッチコピー	キャラクターの説明
JIMIN	CHIMMY・天真爛漫な努力家	黄色いフード付きパーカーがお気に入りのCHIMMY。どんなことでも最後まで努力することができる情熱の持ち主です。 #一生懸命 #努力 #ハーモニカ #黄色のフード
V	TATA・好奇心溢れる超天然な王子	BT惑星からやってきたプリンスTATA。身体が自由自在に伸び、色んな超能力も使えます。 #BT惑星 #超能力 #天然ボケ #王子
JUNGKOOK	COOKY・ハート型の後姿、意外とムキムキ	キュートな外見で、エネルギー溢れるCOOKY。 正義感も強く、ギャップ魅力の持ち主です。 #アンバランスまゆ毛 #正義感 #筋肉ムキムキ #いたずらっ子
該当なし、位置づけはVAN=ARMY	VAN・守護者を努める宇宙ロボット	世界のあらゆる知識をすべて知っているVAN。 BT21を常に頼もしく守ってくれます。 #守護者 #乗り物 #変身 #万能ロボット

出典：https://www.bt21.com/character?lang=ja

　いずれのキャラクターも、メンバーそれぞれの個性や特徴がよく反映されていることがわかる。そしてBTS自体の人気もさることながら、ここでもストーリーテリングの手法が存分に生かされている。アバター型のキャラクターは「分身」として作動するため、買い手側には「メンバーのグッズの一部である」という認識が形成される。いわば、その価値は個々のメンバーに依存しているということだ。一方でBT21の価値は、メンバーとの直接的な関わりを持たない。しかしメンバーの個性や特徴が「BT21のキャラクターが持つ物語」で存分に語られており、たやすくBTSを想起できる。「ストーリーで生命力を吹き込む」という部分に

着目すると、まさにストーリーテリングにほかならない。

　ここで生まれる経済効果は、LINE FRIENDS、Big Hit、その他
BT21を使用したい他社すべてに及んだ。LINE FRIENDSはBT21
のイメージを望む他社ともコラボレーションをしながら追加利益
を出し、Big HitはBT21を入れた自作グッズをホームページ経由
で販売する。クリエイティブプロジェクトは、LINE FRIENDSが
他の分野で頂点に立ったアーティストなどのイメージを購入して
自分のモチーフにしたという点で、企業が消費者の主観的満足
のために努力した事例になるという分析もある（『中央日報』2019
年3月25日）。実際、BTSはBT21を通じて、Converse、Reebok、
Hello Kitty、Antisocialsocialclub、Neighborhood、UNIQLO、
Melissa、The Crème Shop、Olive Young、Jandaia、Riachuelo、
MediHeal、Dunkin' Donutsなど、数多くのグローバル・ブランド
と深く提携している。

　BTSはただ単にストーリーテリングを活用するのではなく、他
企業との協働・連携を通じて、さらなるプラットフォームを築い
ていると言える。新たなキャラクターとしてBTSのメンバーそ
のものとは方向性を変えながらメンバーを想起させるものを織り
込み、既存の方法とは異なる形でBTSのIPを活用していった成
果がBT21なのである。

TinyTAN

　BTSメンバーのイメージと物語を反映したキャラクターは、ア
ニメの領域にまで及び、架空の世界（BU）をさらに拡張させて
いく。「TinyTAN」はBig Hitが公開後、2019年に設立したBig Hit

IPに引き継がれて企画されたキャラクターである。ライセンシング・プロジェクトのBT21とは違い、TinyTANは、Big Hit IPのプロの集団が直接企画・構成した。

　TinyTANのアニメキャラクターは、自身のYouTubeチャンネルを持ち、ブランドと提携してBTSの「顔」役を演ずる。現実とは異なる世界上で、BTSメンバーの代替となる小さなキャラクターが登場するのである。コンセプトは「BTSの第二の自我」である（下の表を参照）。

メンバー	和訳
RM	壊れない可愛さ #しっかりした#賢い#洞察力に満ちている#破壊#頭の回転が速い
JIN	世界的な可愛さ #親父ギャグ #責任感がある #大爆笑#盛り上げ役#世界的な可愛さ
SUGA	甘くて魅力的 #正直#クリエイティブ#預言者#代用
J-HOPE	小さな希望がここにある #ダンスリーダー #速く学ぶ #パフォーマンス #音響効果#才能
JIMIN	愛らしい小さな天使 #思いやりがある #感情的 #芸術的 #働き者#完璧主義者
V	尊い子熊 #ビジュアル #才能の生成者#粘り強い #表現が豊か#自由奔放
JUNGKOOK	愛らしい赤ちゃん #オーバードライブ #自信 #忍耐 #目標が高い #疲れ知らず

出典：©Twitter @TinyTANofficial

　このキャラクターは「Learn Korean with TinyTAN」などのプロジェクトや各種アニメ映画で、BTSメンバーたちに代わって韓国

語を教える。また、キャラクターたちは動画サイトにて、BTSの代わりに、「MIC Drop」を演舞しながら「Keep Dream ON, it will make a happier tomorrow」（夢を持ち続けていれば、幸せな明日が訪れるだろう）と述べたり（動画名「Magic Door」2020年8月8日公開）、短い物語を披露したりする。

このTinyTANはBTSに繋がる新たな収入源として機能するだけでなく、IPとして様々な企業と協業することでロイヤリティ収益を生み出している。ここで注目したいのは、TinyTAN一つをとっても、必ず「物語・メッセージ性」が含まれている点である。例えば、前述した動画「Magic Door」は、主人公が音楽科の女子学生で、並行してアルバイトをし、疲れながらも日々、精力的に活動する姿を映し出し、主人公をTinyTANのキャラクターたちが励ましにいくという「物語」が描かれる。

BT21とTinyTANは、作成・キャラクターが異なるが、BTSのキャラクターが唯一無二の物語を持つという共通点を持つ。アーティストの肖像権をそのまま利用するのではなく、メンバーが持つ個性を反映させながらキャラクターに置き換える。その意義は、キャラクターとすることで、より普遍的にBTSを活用できることにあると考える。さらに普遍的なコンテンツに転換することで、それが新たな効果を発揮するのである。

エンタメ社会学者の中山淳雄によれば、「キャラクター」は感情や経験といった多くの情報を網羅した象徴であり、「イメージによって思考を最短化する作用」を担っているという（中山2021, p.238）。BTSメンバーに限らず、人は出身地、言語、国籍など様々な個性を持っている。あえてこれを放棄してキャラクター

に置き換えることで、全世界の人が親しみやすいコンテンツとして世の中に受け入れられる。その結果、良い意味で使いやすく、わかりやすい象徴として伝播し、「国外のコンテンツ売上」を増加させることに成功したと推測できる。

新たな収入形態「プラットフォーム」=Weverse

これまで「BTSのコンテンツ」に付随する売上増加について述べてきたが、当然のことながら関連するHYBEの事業領域もさらなる収益拡大に向けて変容し続けた。すなわち、これまでに触れた「アルバム売上」はBig Hit Entertainmentのレーベル、「公演事業」はBig Hit Three Sixty、「MD及びライセンス事業」はBig Hit IP、「プラットフォーム領域」はWeverse Company、といったように事業領域に合わせて子会社や関連会社が細かく割り当てられた。それぞれの子会社・関連会社は事業領域ごとの収益そのものを表し、たとえば、講演事業をさす「360」はBig Hit Three Sixtyが、「IP」関連事業はBig Hit IPが担当する。

収入源の分布からみれば、2020年度は、その前年の2019年度に比べて、「国内・IP」が微増にとどまった一方、「アジア・マネジメント」や「アジア、北米及びオンライン・プラットフォーム」の収入には増加傾向が見られた。「オンライン・360（公演事業）」も前年に比べて収入が上乗せされた（HYBE 2021年3月22日）。

日本（アジア）にはBig Hit Entertainment Japan Inc.とBig Hit Solutions Japan Inc.が存在する。前者は日本における芸能事務所として、後者は韓国芸能事務所Big Hit、現在はHYBEの子会社として設置

された。前者はBig Hitの括りからは外れ、会計上の利益において「その他」として集計される。そのためBig Hitの売上高におけるアジアの「その他」項目は恒常的に突出している。一方、アメリカには北米地域内のレコード、音源、ファンクラブなど事業を一括するBig Hit America Inc.が設立されているため、「マネジメント」項目の比率が高くなる。

　注目すべきは、HYBEが近年、サプライヤーとユーザーがマッチングする場を提供するプラットフォーム・ビジネスを強化していることである。プラットフォームとは、多様な製品及びサービスに関わる共通基盤を指すが（溝下2017年3月, p.33）、HYBEが韓国のインターネット企業NAVERと一緒に2019年に共同出資して立ち上げたWeverse（ウィバース）がその受け皿として機能する。

　Weverse Companyが運営するWeverseは、多言語への対応を可能とするファンコミュニティ・プラットフォームを目指している。現にWeverseには、BTSを筆頭に、SEVENTEEN、iKONなどのボーイズグループ、GFRIEND、EVERGLOW、Cherry Bulletなどのガールズグループ、CL、ソンミ、グレイシー・エイブラムスを始めとするソロアーティストの面々が参加している。そしてWeverseを介して、アーティストとファンが文字や画像の投稿を通じて直接交流できる無料コミュニティのほか、有料コンテンツやメンバーシップ限定コンテンツが頻繁に提供される。

　また、付属のEコマースプラットフォームであるWeverse Shopでは、有料コンテンツの購読やアーティストの公式グッズをも販売する。すでにHYBEはこの事業を通じて分期ごとに9,000万ドル以上の収益を上げているという（Borowiec 2021年6月2日）。Big

Hitのグローバル CEO であるユン・ソクチュン（Lenzo Yoon）は、Weverse を「音楽業界におけるワンストップサービス」と位置づけている（Mehta 2021 年 3 月 10 日）。

こうしたマーケティング方針の大転換に基づき、BTS に関する多くのコンテンツも順次 BTS Weverse に集まり、消費され始めた。例えば、BTS のリアル旅行バラエティー番組「BTS BON VOYAGE」のシーズン 4 は、NAVER が運営するライブ動画配信サービスの V LIVE ＋から Weverse の BTS 有料コンテンツに移行している。さらに、2019 年 8 〜 10 月には 6 話編成のミニドキュメンタリーシリーズ「BRING THE SOUL: DOCU-SERIES」が、2020 年 3 月からは韓国語教育ビデオシリーズ「Learn! KOREAN with BTS」が、それぞれ BTS Weverse の有料コンテンツとして配信された。2022 年 7 月現在、Weverse BTS の登録者数は 1,560 万人に上る。

これまで BTS に関する MD（公式商品）やコンテンツを買う場合も、「発売元は韓国」という制限の下で商品の取引が行われていた。例えば日本のアイドルグループならアルバムが発売される、あるいはコンサートが開催されるたびに新しい商品（グッズ）が販売される。それらは基本的に「日本国内でのみ発売」され、国内発送・受け取りが一般的な流通手段である。

しかし BTS は、ARMY のメンバーシップ登録を求める Weverse という自前のプラットフォームを確保することで、販売地域の制約を相当に脱することができた。特に、人と人の直接的な交流が著しく低下したコロナ禍においても、Weverse を通じて売上を伸ばすことができた。他方、消費者にとっては「在住地域」に縛ら

れることなく、また多言語対応のシステムによって、言語の壁に悩まされることもなく、BTSを楽しむことができた。BTS自らが一つの音楽消費プラットフォームとして蘇ったのである。

BTSの売上方程式＝「物語」効果×「メディア」横断×「プラットフォーム」確立

　BTSは音楽自体の魅力に加えて、知的財産権を活用してブランドを強化し、創造力を高め、収益源を多様化する能力でも際立っていた。こうしたBTSの商品性を最大限に活かし、所属事務所のHYBEは、コロナ禍によりツアー公演が中止されたにもかかわらず、2019年度には黒字転換に見事に成功したばかりか、コロナ禍により公演ツアーが中止されたにもかかわらず、その後も年々、収益を伸ばし続けた。そればかりか、2022年4月、ジャスティン・ビーバーやアリアナ・グランデなどトップ・アーティストたちが所属するアメリカの総合メディア企業ITHACA Holdings（イタカ・ホールディングス）を10億5,000万ドル（約1,400億円）で買収し、文字通り世界最強の音楽企業となった。HYBEの破竹の勢いは止まる気配がまったくないようだが、その自信の根底には「BTSの成功」があることは言うまでもない。最後に、BTSのマーケティングについて整理してみたい。

　はじめにBTSの音楽を軸に語られた「物語」（ストーリーテリング）が様々なメディアへ断片的に供給され（トランスメディア）、消費者の興味を駆り立てた。この物語に対する人気は韓国の枠を超えて国外へと広まり、海外のファン層を確立した。

　この物語は単にBTSの音楽を象徴するだけでなく、「BTSに関

連するコンテンツ」として拡張していった。特に知的財産の効果的かつ戦略的活用によって生まれたBTS独自のキャラクターは、「コンテンツ売上」増加に大きく貢献した。さらに公演事業やコンテンツ販売の融合、「複合空間」の設計などによって、ファンに新たな体験をもたらしていった。こうしたコンテンツの戦略的利用は収益源の多様化と拡大につながった。

そして、これらのコンテンツを単に統合することにとどまらず、関連サービスやシステム、ソフトウェアを提供・カスタマイズ・運営するためのプラットフォーム Weverse が誕生した。 Weverse は、BTS と ARMY が 地域や言語に制限されることなく、より身近にコミュニケーションが取れるグローバル・ファンダム・プラットフォームであり、BTSをめぐる総合型マーケティングの場

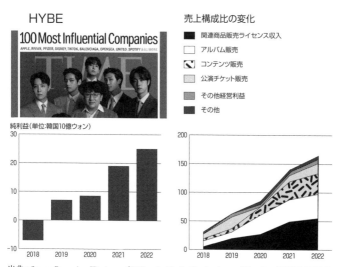

出典：Steven Borowiec. "Business of K-Pop: Inside the Pandemic proof Empire of BTS." *NIKKEI Asia*（June 2, 2021）

でもある。要するに、商品としてのBTSは、マーケティングにおいても最先端のマルチレーベルの錬金術を繰り広げ、収入源を多様化・拡大してきたと言える。

　BTSは2022年10月、メンバーが順次、兵役に就く計画を明らかにした。計画によれば、BTSは少なくとも今後2年間、すなわち2025年上半期までは、グループとしての活動を休止せざるを得ない。完全体ではないBTSはどのようにファン層のニーズに応え、売上を維持していくだろうか。「BTSのない」BTSの新たな売上方程式からも目が離せない。

参考文献

현대경제연구원「현안과 과제:방탄소년단(BTS)의 경제적 효과」(現代経済研究院「懸案と課題:防弾少年団(BTS)の経済的効果」)(2018年12月17日)、https://www.hri.co.kr/kor/report/report-view.html?mode=1&uid=30107&find_ordby=PubDATE__desc&find_field=total&searchdate=PubDATE&find_word=BTS&page=1（検索日：2021年10月1日）

Bychloe Taylor, "South Korea stands to lose billions from making K-pop superstars BTS do military service," *Fortune*（Oct. 18, 2022）, https://fortune.com/2022/10/17/how-much-money-will-south-korea-lose-from-bts-military-service/（検索日：2022年10月19日）

IFPI, "Global Music Report 2022", IFPI representing the recording industry worldwide（website）, https://www.ifpi.org/wp-content/uploads/2022/04/IFPI_Global_Music_Report_2022-State_of_the_Industry.pdf（検索日：2022年7月4日）

朴・ユンジン「BTS、ヒット曲「I NEED U」オリジナルバージョンの

MV再生回数が1億回を突破」、*Kstyle*（2021年3月16日）、https://news.kstyle.com/article.ksn?articleNo=2164450&categoryCode=KP（検索日：2022年8月14日）

大部俊哉「BTS人気、もはや世界の研究対象K躍進のきっかけは」『朝日新聞』デジタル（2021年5月22日）、https://www.asahi.com/articles/ASP5L3CH7P4GUHBI032.html（検索日：2022年3月17日）

セス・ゴーディン著、中野眞由美訳『THIS IS MARKETING: You Can't Be Seen Until You Learn To See』あさ出版、2020年

タマール・ハーマン著、脇田理央訳『Blood, Sweat & Tears——BTSのすべて』誠文堂新光社、2021年

中山淳雄『推しエコノミー「仮想一等地」が変えるエンタメの将来』日経BP、2021年

星野准一「ストーリーテリングとAI（〈特集〉エンタテイメントにおけるAI技術）」『人工知能学会誌』第19巻1号（2004年1月）

溝下博「プラットフォーム・ビジネスとビジネスモデルに関する研究レビュー」『広島大学マネジメント研究』第18号（2017年3月）

BT21 YouTube公式サイト、https://www.youtube.com/watch?v=OCtCmqoP2RI（検索日：2022年3月18日）

田中絵里菜『K-POPはなぜ世界を熱くするのか』朝日出版社、2021年

「빅히트엔터테인먼트 2020 사업보고서(2021.3.22)」（「Big Hit Entertainment 2020事業報告書(2021.03.22)」）、HYBE公式ホームページ、https://hybecorp.com/jpn/ir/archive/company（検索日：2022年5月23日）

Steven Borowiec, "Business of K-pop: Inside the pandemic-proof empire of BTS," *NIKKEI Asia*（2021年6月2日）, https://asia.nikkei.com/Spotlight/The-Big-Story/Business-of-K-pop-Inside-the-pandemic-proof-empire-of-BTS（検索日：2022年10月22日）

「빅히트, 전년 대비 매출 2배 상승 5879억」（「ビッグヒット、前年比売上2倍上昇5879億」）、『조선일보』（『朝鮮日報』）（2020年2月5日）、

https://www.chosun.com/site/data/html_dir/2020/02/05/2020020502
229.html（検索日：2022年2月28日）

「방탄소년단 음료・BT21 운동화…내가 고른 굿즈로 나를 표현합니다
‘굿즈의 경제학’」（「防弾少年団飲料・BT21運動靴…自分が選んだ
グッズで自分を表現します、‘グッズの経済学’」）、『중앙일보』（『中央日
報』）（2019年3月25日）、https://www.joongang.co.kr/article/23420998#home
（検索日：2022年3月18日）

Stephanie Mehta, “Millions of BTS fans use these 2 apps to connect and
shop. No tech startups needed,” *Fast Company*（Mar. 10, 2020）,
https://www.fastcompany.com/90457458/big-hit-entertainment-most-
innovative-companies-2020（検索日：2022年10月20日）

第5章

東アジアのなかの「韓国発」アイドル BTS

田村凜香・藤本風歌

2022年5月31日、アメリカのバイデン大統領はホワイトハウスにBTSを招いた。本来、ホワイトハウスの大統領執務室は外交官や政府要人だけが入れる場所であるため、この出来事は、異例中の異例であり、世界中で大きな話題となった。そこでは、アメリカで今日、問題視されているアジアンヘイトについて議論されたが、なぜBTSが招かれたのかと、疑問を抱く者もいるかもしれない。

　異例の招待の背景には、BTSがこれまで、自発的に社会問題についてのメッセージを発信し続けてきた社会活動家であった事実に加えて、世界的には彼らが「東アジア」を代表する存在として広く受け入れられているという側面もあっただろう。かつてビートルズが「若者」を、マイケル・ジャクソンが「黒人」を、レディー・ガガが「女性」を、それぞれポップの新たな主体として代弁したとすれば、BTSはこれまで周辺に置かれていた「東アジア人」として、その時代性を体現するポップスターに位置づけられたと言えよう。

　ならば、その時代性とは何か。それは、トランプ大統領時代（2017～21年）に著しく欠けていた「多様性」にほかならない（金 2022, p.258）。メキシコ国境に建てられた「トランプの壁」やイギリスのEU（欧州連合）離脱（ブレグジット）などが促す「蔓延する排他主義」に対抗する時代精神を、世界は「東アジア人」代表たるBTSの音楽とその影響力に見出そうとしたのである。バイデンがわざわざアメリカ国民でもないBTSを招いたのは、「東アジア人」を代表するBTSを通じてアメリカの統合と多様性を強調するためであっただろう。

BTS メンバーたちとバイデン米大統領がホワイトハウスの大統領執務室で、世界に向けて「指ハート」を送っている。BTS 公式 Twitter「@bts_bighit」より（2022 年 6 月 1 日）。

　一方で、東アジア地域の人々の目に映る BTS は、世界的な位置づけとはやや異なるようだ。この地域を見ると、古くから文化的交流を始めとした外交関係が続いてきた一方、それに伴う政治的・歴史的な諍いがあることも周知の事実である。日本や中国における BTS の人気は世界的に見ても凄まじいが、長い間 BTS はそういった問題と関連づけられ、また批判的に捉えられることも多かった。例えば、2012 年以降の日韓関係の急速な悪化、2016 年の高高度迎撃ミサイルシステム（THAAD）配備に伴う中国の「限韓令」（韓流禁止令）など、日中韓三者間で高揚したナショナリズムは、この地域における BTS の受け止め方にも複雑な影響を及ぼした。

　この点を考慮すると、東アジア地域にあっては、BTS は東アジ

アの一員としては受け入れられず、韓国という一つの国家の構成員として受け止められる傾向が目立つように見える。言い換えれば、世界的には「東アジア人」を代表するBTSが、東アジアの中では依然として「Kのジレンマ」から自由でないということである。

　しかし、何事にも努力を惜しまず、多様性と普遍性を求め続けた彼らが世界にその名を馳せた今、東アジア地域でもBTSの位置づけは変わりつつある。ここでは、政治的・歴史的な問題を乗り越え、BTSが東アジア地域でどのように受容されていったかについて注目していく。

母国・韓国では意外と熱量が低い？

　BTSのミュージック・ビデオ（MV）は、鍛錬されたダンスや印象的な歌声、歌詞によって全世界中のファンを魅了している。新曲のリリース後に彼らのMVが公開されると、ファンたちはSNSを通じてその興奮を分かち合い、それが拡散していくことでMVの再生回数も爆発的に伸びていく。YouTubeが発表した2018年のストリーミングの統計結果を見ると、積極的な活動を展開した効果もあってアメリカで1位にランクインされ、上位10の国の多くをアジア圏が占めたが、意外にも韓国は6位にとどまった。また、YouTube ミュージックチャートのBTSが発信する2021年MV閲覧数の国別ランキングによると、新曲「Butter」の再生回数をもっとも多く記録したのはBTSの地元である韓国ではなかった。

　加えて、韓国メディアのBTSに対する姿勢に、他のアーティ

ストとの比較で見たとき、違和感を覚える部分がある。2012年にPSYの「江南スタイル」が世界的にヒットした当時のように、話題として積極的・好意的に報道していた態度と相当に異なる。例えば、2021年のビルボード・ミュージック・アワードでBTSは4冠を達成したにもかかわらず、韓国メディアはそれを盛大に祝福するというわけでもなく、事実だけを淡々と報道するという反応を示していたのである。韓国出身の彼らが世界でも認められる存在となったというのに、母国の人々はBTSに対してどのような印象を持っているのか、疑問を抱かせる点は随所にある。ここでは、世界的な人気を博する彼らが、韓国国内でも支持されているのか、またどう捉えられているのかを探っていきたい。

　まず、アイドルにどれほどの人が夢中になっているかを測る指標としては、ファンクラブの会員数やSNSフォロワー数などがある。BTSの公式ファンクラブは韓国と日本にあり、会員数は公式発表されていないが、韓国の公式ファンクラブ（ペンカフェ[1]）は2018年時点で、約100万人を超えたと韓国内で報道された。またファンクラブの会員番号から、2019年は約115万人、2020年には約150万人へと増加の傾向にあると推定されている。他のK-POPアイドルグループのペンカフェ会員数を見ると、2021年時点で「SEVENTEEN」が約29万人、「MONSTAX」が約19万人、「BTOB」が約18万人、「BIGBANG」が約16万人であり、会員数

1　「ペンカフェ」とは、ファン（팬）のカフェという意味で、韓国の大手ポータルサイトDaum（ダウム）が運営するサイトとして、ファン同士の交流や情報交換を行う掲示板である。

だけを見れば、BTSの人気が母国でも絶大であることがわかる。

　だからといって、老若男女すべてがBTSに熱中しているかと言えば、必ずしもそうではない。中高年齢層の間では演歌のような曲調である大衆歌謡の「トロット」がテレビ放送を通じて親しまれている。一方で、BTSに熱中しているのはやはり、10代から20代の若者が中心である。日本のアイドルグループとの比較で言えば、韓国の芸能ビジネスは、子どもから大人まで幅広い世代に親しまれるような構造ではないと推測できる。また、日本のように国内向けに特化したビジネス形態であれば、何よりも「敵をつくらない」ために政治的発言は避けるのが常だが、韓国の場合は異なる。相対的に人口が少ないこともあって韓国市場は狭く、必然的に外需を意識せざるを得ない。政治的発言に限らず、抑圧的な社会や大人をも批判するBTSの果敢なその姿勢は、韓国はもちろん世界中の若者の共感を集め、異彩を放つ形で魅了していったのである。

　だが、韓国の芸能界は一筋縄ではいかない厳しく過酷な世界である。1997年に起きた国際通貨基金（IMF）通貨危機は、韓国を経済破綻の事態に追いやり、国民生活に大打撃を与えた。当時のトラウマにより、韓国国民の間に、安定した生活を送るため、実力主義を内面化し、厳しい競争社会で打ち勝とうとする考え方が根付いていったためか、アイドルや芸能人にも常に新しく完璧な姿を求め続ける傾向が見られる。ファンに飽きられないようK-POPアイドルは、懸命な努力を重ねるが、毎年50〜70組がデビューする中で、2〜3年で音楽活動ができなくなるグループが大半を占める。2013年、BTSと同時に50組のグループがデビュー

しているが、その多くがデビュー3年以内に解散か無期限活動休止となっている（平松2021年7月30日）。では、なぜBTSは歳月を重ねるごとに人気を博していったのだろうか。それは、単にがむしゃらに努力した結果ではなく、彼らのSNS戦略も背景にある。

BTSが韓国メディアから冷遇されている疑いについて前述したが、決して彼らがマスメディアに露出できなかったということではない。実際に多くの音楽番組に出演し、魅力的な歌声と迫力のあるパフォーマンスを披露している。では、他のグループと何が異なっていたのかと言えば、テレビやMVで見せる完璧なK-POPアイドルとしての姿ではなく、一人の人間としてのありのままの姿をSNSで発信していた点である。こうしたコンテンツは、BTSを知らない人にとっては意味をなさないかもしれないが、彼らの音楽やダンスに惹かれ、興味を抱いた人には、BTSの「沼」にはまっていくきっかけとなる。

しかし、韓国メディアはそうしたBTSのSNS戦略を好ましく思っていないことが疑われる。従来、韓国の芸能界においてメディアは重要な役割を果たしてきた。芸能事務所が所属するアイドルグループの広報に数億単位の費用を投入し、アーティストを売り出していくのだが、BTSの場合、いわゆるレガシー（既存）メディアに頼ることなく成功を収めた。こうした経験からか、芸能界で主導権を握ってきたメディアは、通例を覆したBTSを好ましくない存在と捉え、好意的な記事は書かないことでけん制しているとの解釈も可能である。

海外から国内に逆輸入される形で広まったBTS

　彼らは時代に沿って常に変化し成長を続けている。全世界で注目されるようになってから、最近BTSを知った人が、デビュー当時の彼らのスタイルを見ると衝撃を受けるかもしれない。デビュー当時、BTSはヒップホップを歌うアイドルグループとして活動していた。しかし、ヒップホップアイドルという従来にない新たなジャンルであるため、受け入れ難かったのか、また韓国の3大芸能事務所ではない小さな事務所出身であるために多くの注目を集められなかったのか、国内の一般大衆の反応はそれほど爆発的ではなかったという。

　2012年、K-POP・ビューティー・ファッション・フード・ドラマなどの韓流文化コンテンツが体験できるコンベンションとコンサートが融合された「KCON2012」が、アメリカで初めて開催された。以来、毎年新たなK-POPアーティストが紹介され、2014年以降はBTSも何度か出演している。こうした活動の結果、K-POPは次第に海外から注目されるようになった。だが、なぜ他のグループと違ってBTSだけが群を抜いて多くの支持を受けたのか。ここでも、やはりSNS戦略が背景にあると言える。

　当時、海外の人たちがK-POPに興味を抱いても、韓国の音楽番組やバラエティー番組を観るのは容易ではなかった。また、他のK-POPアーティストは、積極的にSNSで活動していなかった事情もあり、BTSが独自に展開していたYouTubeチャンネルは、海外からも注目を集める画期的存在となった。海外でのアクセス数が上がるにつれて、韓国メディアも「BTSが海外で人気らしい」「YouTubeチャンネルにアクセスが集まっている」といった

記事が登場するようになったという（ジン 2022年4月3日）。このように、SNS戦略で海外からの支持を集め、逆輸入の形で、韓国の一般大衆もBTSの良さを認知するようになっていった。

　当然ながら「人気者」が全員から好かれることはない。BTSについても、批判や揚げ足取りを繰り返すアンチは存在する。しかし、こうした人々が敏感に反応するのは、彼らが政府関係者から政治利用されたときではないか。例えば、BTSの兵役特例問題がある。2020年12月22日に公布された兵役法一部改正案により、文化勲章・褒章の受勲者のうち、文化体育観光部長官が推薦した優秀者は、満30歳までに入隊を延期できるようになった。本来なら、韓国の18歳以上の健康な男性は、原則28歳までに兵役義務を負うとされているが、今回の改正で大衆芸能分野の特例措置として初めて、BTSメンバーの軍入隊の先送りが確実になった。その結果、当時28歳だった最年長のJINは、30歳まで入隊の時期が延長された。

　BTSはこれまで、兵役義務を果たすために入隊することを繰り返し公言してきた。こうした中で政界と行政府が積極的に兵役特例について議論する姿勢を示すと、一般市民は政界が彼らの名声と人気を利用しようとしているように映ってしまう。何よりも、すでに兵役を課された20代の青年は、BTSだけが特別扱いされていると受け止め、公正という観点から、不平不満を抱えてしまいかねない。また、兵役特例適用のハードルが高すぎるあまり、BTSメンバー以外で恩恵を受ける芸能人がいるのかと疑問視する声もある。

　BTSが政治利用されたとの批判は、韓国大統領が彼らに贈呈

した「外交官パスポート」でも見られていた。2021年9月14日、韓国大統領府はBTSが「未来世代と文化のための大統領特別使節」として、国連総会に出席する文在寅大統領と共にアメリカを訪れると発表した。訪米に際し、BTSは一般のパスポートではなく、贈呈された特別な「外交官パスポート」を使用した。だが、このパスポートは、元・現大統領、国務総理、外相、国会議長、大法院（日本の最高裁に該当）長、憲法裁判所長など「国家儀典序列5位まで」が対象で、国会議員ですら発給されないものであったため、当時の野党陣営が政府の対応を攻撃する材料にしかねない状況も現出された。

　BTSの功績を振り返ってみると、2018年にK-POPグループとして初めて全米アルバムチャート1位を獲得し、K-POPが世界からますます注目されるようになった。また、彼らの活動によって毎年4兆1,000億ウォン（約3,900億円）に上る経済波及効果を韓国にもたらしているという分析結果も発表されている。韓国の現代経済研究院によると、衣料品や化粧品、食品といった消費財の輸出のうち、10億ドル（約1,320億円）以上がBTSに関連するものだという。観光業においても、2017年の観光客約80万人がBTSを理由として韓国を旅行先に選んだとされており、これは訪韓観光客全体の7％以上を占める（*AFPBBNews* 2018年12月18日）。

　BTSファンの年齢層は10 〜 20代の若者であると前述したが、ビルボード1位獲得や3年連続の国連スピーチもあって、中高年層も興味を持ちやすくなったという。2021年、韓国の民間世論調査会社「韓国ギャラップ」が発表した「2021年今年を輝かせた歌手」のデータによると、10 〜 30代では圧倒的な1位を誇り、

40代でも1位と僅差で2位にBTSがランクインしていた。また大衆歌謡の「トロット」が流行している50代でも5位にランクインしていた。

　彼らが韓国にもたらしたものは、経済効果や世代を超えた支持だけではない。在日韓国人二世の作家である康熙奉は「世界基準になることに執着する韓国人にとって、BTSは自尊心を高めてくれる存在です。日本人が大谷翔平選手の活躍に熱狂するのと同じような感覚で、韓国人はBTSを誇らしく思っている」と述べている（『NEWSポストセブン』2021年11月17日）。このように、BTSの活躍によって韓国人としての誇りを高め、東アジアにルーツを持つ人々の世界的な活動を促すきっかけになっていると言っても過言ではない。

中国で爆発するBTSへの愛

　熱狂的なK-POPファンには、グループの結成日やメンバーの誕生日に合わせて自主的に資金を集めて「応援広告」を出す慣行がある。BTSは全世界にファンがいるため、広告が出されるのも韓国にとどまらない。なかでも中国ファンは、全体で億単位の広告費を投じているという。誕生日を祝うために行われる「センイル広告」では、2021年9月1日、JUNGKOOKの誕生日を祝し、「JungkookCHINA」と書かれたクルーズ船や、巨大な看板広告、地下鉄のモニターなど、約1万4,000か所にセンイル広告が出された。当時の募金額は600万中国元で、日本円で1億円を超

2　「センイル（생일）」は、漢字を当てると「生日」で、韓国語で誕生日を指す。

JIMINの中国ファンクラブのTwitter「@JIMINBAR_CHINA」より（2021年10月13日）。

えたという。加えて、JIMINの誕生日である10月には、韓国の航空会社の済州航空と提携してJIMINがデザインされた旅客機を3か月間運航すると発表した。これは、かつてないセンイル広告の事例であった。

　このように中国では、BTSの人気が圧倒的であることが見て取れる。国内にも数々のBTSファンクラブが存在しているが、コミュニティツール「微博」（Weibo）上のファンクラブ「BTSBAR」の会員数がもっとも多く、121万人を超える。また他のファンクラブも合わせると、中国内で約1,000万人以上のファンがいると推定されている。驚くことに、BTSのファンクラブが初めて設置されたのも、韓国ではなく中国だった。韓国のファンクラブ設立が2014年3月だったのに対し、BTSがデビューした2013年6月13日より10日も早い6月3日に、「BTSBAR」が創設

されたという。ただ、こうしたBTSの爆発的な人気を中国政府は警戒しており、芸能界において取り締まりを強化している。国民のファン活動に対して政府が恐れているものとは何か、また、国民もそこまでBTSに熱中するのはなぜなのか、ここではその背景を探っていきたい。

　そもそも、なぜ中国のファンクラブが韓国よりも早く創設されたのかと疑問に思うだろう。中国では当時、韓国ドラマやバラエティー番組、アイドルグループが人気を博し、韓流ブームのただ中にあった。そのため、中国の人々は韓国の芸能情報に敏感で、韓国でデビューしたアイドルグループやデビューを控えたグループ、練習生にも関心を示すようになっていた。BTSの所属事務所「BigHit」は、デビュー前の2013年6月3日にBTS公式番組でメンバー3人を紹介し、それを見た中国のファンはその日のうちに、ファンクラブ「BTSBAR」を開設したのである（*KBSWORLD* 2021年8月27日）。

　またグループだけでなくメンバーそれぞれのファンクラブもある。共通しているのは、計り知れないほど巨額の資金を間接的にBTSへ投資している点である。例えば、JUNGKOOKの中国ファンクラブ「JungkookCHINA」はアルバム『MAP OF THE SOUL:PERSONA』を16万6200枚も共同購入し、新たな記録を樹立した。購入額は、日本円で約2億4,780万円に上る。Vのファンクラブ「KIMTAEHYUNGBAR」も、それを上回る17万400枚も購入し、大量購入の記録を更新した（*KPOPmonster* 2019年5月28日）。

　だが、中国政府は芸能界規制を強化しているという。2021年

9月5日、20以上の韓国芸能人ファンクラブのアカウントが、30〜60日間、使用禁止処分を受けたことが判明した。なかでも「微博」は、JIMINのファンクラブ「JIMIN BAR CHINA」のアカウントを60日間停止すると発表した。理由として、前述したJIMINがデザインされた専用飛行機やそのために資金を募った行為が、中国政府の提示する規定に反していたことが挙げられた。

　2021年8月27日、中国政府は「無秩序なファングループへの管理強化方針」を発表した。未成年者が芸能人の応援にお金を使ったり、SNS上でファン同士が口論したりするなどを禁止するとの趣旨だった。また、「娘炮（ニャンパオ）[3]などの歪んだ美的基準を断固根絶する」という方針も打ち出しており、それだけでなく、メディアなどを監督する「国家ラジオテレビ総局」は、共産党に非協力的な芸能人の起用や、一部娯楽番組の放送を禁止すると発表した（『朝日新聞』デジタル2021年9月2日）。

　中国政府は、貧富の差をなくすため「共同富裕」をスローガンに、格差是正策を展開している。そういった社会を実現するうえで、芸能界で活躍する富裕層の存在は好ましくないとの推測も可能であろう。このように習近平政権は、以前にもまして思想や文化の統制に力を入れている。こうした統制は、かつて1966年から約10年間にわたって進行した文化大革命を彷彿とさせるほどである（西岡2021年9月8日）。文化大革命では多くの人命が失われ、伝統文化も姿を消したとされるため、こうした過去に照らす

　3　「娘炮」は、中国語で「女性っぽい男性」を意味するが、とりわけ 韓国発の化粧や服装が華やかな中性的な男性を指す場合が多い。

と、中国政府の今回の対処に危惧を覚える向きもあるだろう。

真のARMYが見せるBTSへの忠誠心

　では、なぜ中国政府は国内での韓流ブームを恐れているのか。韓国の大衆文化、K-POPを代表するBTSについて言えば、10代と20代の若者に向けて社会的抑圧や偏見に対抗する力強いメッセージ性のある曲を発信する一方、メンバーが中性的な外見をアピールし、自由や個性といった民主主義的な思想との親和性を打ち出しているからであろう。一方で、政府が望むのは、秩序の維持が第一であり、「共同富裕」も秩序維持の手段と解釈される。若年層に韓流ブームが浸透した場合、潜在的に現体制を揺るがす要素へと発展する危険性を中国当局が感じ取り、対処が必要であると判断したとの見方も可能であろう。

　そのような状況下で、政府と関係のある中国メディアはBTSのイメージダウンを図っているという。例えば、2020年の米韓交流組織「コリア・ソサエティ」で受賞したBTSのスピーチが、中国メディアの標的となった。リーダーのRMが英語で「（米韓）両国が共に分かち合った苦難の歴史と、数え切れないほど多くの人々の犠牲を常に忘れない」と言及したのに対し、中国共産党系の『環球時報』が後日、「中国のネットユーザーが朝鮮戦争のコメントに怒り防弾少年団が中国で『被弾』」というタイトルで記事を掲載した。当時、朝鮮戦争で北朝鮮側についた中国の人々は、スピーチ内の「両国」が「米韓」を指すため、中国軍の犠牲を無視し、中国を敵視していると受け止めたという（工藤2020年10月13日）。だが「コリア・ソサエティ」の表彰は、米韓

の関係強化に貢献した人物や団体が対象となっており、朝鮮戦争や米韓関係について述べるのはある意味当然でもあった。その点を考慮すれば、国民に嫌韓意識を持たせようとする意図が疑われる部分もある。また、2021年、BTSの所属事務所の決算報告書で使われた地図が、中国の主張と異なる国境線で描かれていたとして、中国のネット上でBTSが再び炎上。そしてコリア・ソサエティの件と同様に『環球時報』は、この問題とBTSだけを絡めて批判的に報道した。

　メディアの影響を受けた人々によるBTS不買運動やネットユーザーの嫌韓意識の高まりからは、中韓関係の悪化が見て取れるが、真の中国ARMYは意に介していない。ネットの炎上と『環球時報』の報道の後も、「他の事務所も間違った地図を使っているのに、なぜBTSだけを問題視するのか」という反発が相次ぎ、メディア側も対応に追われることとなった。また、その後、中国ビッグデータ専門機関「Aiman」の韓国アーティストファン活動指数では、Vが週間チャートで2週連続1位にランクインし、圧倒的な存在感を見せた。

　Vの最大ファンクラブ「BAIDU V BAR」は、Vの誕生日である12月31日に12億ウォン以上（約1億2,350万円）の歴代K-POP最高の募金額を記録し、K-POPファンクラブとして最高記録となる52億ウォン（約5億3,500万円）分のアルバムを購入するなど、中国でのVの人気はひと際目立つ。驚くべきことに、このファンクラブの中国ファンが、中国青年発展基金が遂行している事業

「希望工程」[4]に約960万円を寄付し、Vの本名であるテヒョンを用いた「テヒョン希望小学校」が中国に建設されることが発表された（*KPOPmonster* 2020年7月14日）。

　また、今回、韓国芸能人のファンクラブを使用禁止にした措置に対し、中国世論では賛否両論が出ているが、たとえ政治の領域で中韓関係が悪化しても、また政府から圧力を受けても、ARMYのBTSへの愛着に変化はない。これまでとは異なる別の手段で資金調達キャンペーンやファン活動を行い、これからもBTSの応援を続けると思われる。

愛憎の日韓関係、BTSから見える歴史認識の差

　日本と韓国の関係は東アジアの中でも特に複雑だ。日韓の間にある主な問題としては、日本側の竹島（韓国名独島）領有権主張、日本の議員による靖国神社参拝に対する批判、従軍慰安婦問題、徴用工問題などがある。他にも、過去の日本による朝鮮半島植民地支配、第2次世界大戦後の戦後処理をめぐる歴史認識の違いから、大小様々な論争が繰り広げられてきた。

　しかし、それと同時に日韓の文化交流は歴史認識の違いや政治的葛藤に阻まれながらも、断続的に行われ、今日まで様々なコンテンツが行き来してきた。なかでも本項では、日本国内におけるKカルチャーの受容や韓流ブームについて触れたい。日本では

4　「希望工程」（Project Hope）は、1989年から中国青少年発展基金会を中心として展開された公益プロジェクトを指すが、主として貧困地区の子どもたちに経済面の支援をしたり学校を建設したりする教育環境改善のための活動を行ってきた。

2003年頃に『冬のソナタ』などのドラマから起こった第1次韓流ブームを皮切りに、2020年頃から現在まで続く、「第4次」ブームまで、実に4度の韓流ブームが起きたと言われている。なかでもK-POPが花開いたのは第2次ブーム以降で、BTSが日本で広く認識されるようになったのは、SNSを中心に若年層が韓国文化に高い関心を示した第3次ブーム当時である。第3次ブームの特徴は、SNSが文化消費の中心地になっていたという点で、SNSをフル活用するK-POPアイドルやBTSは大きな強みを持っていた。

第3次韓流ブームでK-POPを牽引したBTSであったが、ある一枚の写真が日本での人気に陰りを見せる契機となった。メンバーのJIMINが着ていたとされる「原爆Tシャツ」をめぐる問題である。このTシャツには、米軍が日本に原爆を投下した直後に撮ったキノコ雲の写真と万歳する人々の写真、そして英語で「愛国心、我々の歴史、解放、朝鮮」という言葉がプリントされていた。写真がSNS経由で拡散すると、多くのテレビ番組やネットニュースがこのことを伝え、大きな波紋を呼んだ。その結果、日本で予定されていた音楽番組へのBTSの出演が中止される事態に至った。

韓国は日本の敗戦により植民地支配から解放された歴史を持っており、日本の敗戦と、甚大な被害をもたらした原爆投下も、民族解放という「慶事」と一体で捉える人が一定数いるのは事実だろう。歴史教育をめぐっても、国を失いかけた苦難の歴史、植民地支配の時代を歴史の重大な一ページと捉える韓国と、原爆の悲惨さ、国を破滅に追い込んだ戦争への反省に焦点を当てる日本の間には大きなギャップがあり、これも歴史認識の差の一因となっている。「原爆Tシャツ問題」は今なお深い二国間の溝を浮き彫

りにした事件であった。

　この件に対する日本の反応は少々大袈裟な部分もあったが、日本人にとって原爆がデリケートな問題であることは否定できない。意図的であったか否かは別として、こうした写真が拡散したこと自体、BTS自身や所属事務所が管理能力や配慮を欠いたとは言えるだろう。また、メッセージ性の強い楽曲を発信するBTSだったからこそ、裏切られたと感じるファンも多かったのであろう。

　「原爆Tシャツ問題」でいったん日本での人気に陰りを見せたBTSであったが、2020年にリリースされた「Dynamite」のヒット以降、日本での人気は以前よりも勢いを増している。BTSが今なぜ、これほどまでに日本で人気を集めるのか、その要因は2つあると考えられる。

　まず一点目はK-POP、Kドラマといったコンテンツ自体の世界的人気だ。コンテンツの質の高さもさることながら、なかなか外出できず、家で過ごすことが増えたコロナ禍が追い風になった。特に日本では、過去3度の韓流ブームの結果、Kカルチャー受容の土台が築かれてきたという点が大きい。BTSは第3次韓流ブームの際、すでに一定の人気は獲得していたが、当時はSNSを頻繁に使用する若年層が主体であったのに対し、アメリカでの成功により、いわば格が上がったこともあって、テレビで頻繁に取り上げられるようになり、SNSに縁遠い層も含めた幅広い世代に知られるようになった。韓国で見られた逆輸入現象と似た流れが日本でも起きたと思われる。

　また、流行に敏感な人が多い日本人の気質や、様々なアーティストが乱立し、しのぎを削っている韓国に比べ、日本にあっては、

K-POPアイドルの中でBTSが「一強」の地位にある点も、日本でのBTS人気の理由と考えられる。日本ではBTSほど知名度のある韓国アーティストはまだいない。コロナ禍による入国規制が緩和された後、多くのK-POPアイドルが日本デビューや来日公演を果たしたが、一部の層・世代の間の流行にとどまっているという感は否めない。

　加えて、英語の楽曲がヒットした点も指摘できる。韓国語の歌詞やK-POP独特のサウンドにアレルギーがあり、普段はK-POPを聞かない人にも聞きやすいものであったと考えられる。

韓国よりも日本で売れたい？

　BTSが日本の音楽番組には出演しながら、韓国の音楽番組に出演しないことに対して、韓国国内では少なからぬ不満が出ている。最近（「Dynamite」リリース以降）のBTSは、他のK-POPアイドルがするようないわゆる「カムバック活動」[5]を行っていない。一方、日本の音楽番組には数多く出演した。2021年6月14日、21日には2週連続で「CDTV」（TBS系列）に出演し、7月3日には「THE MUSIC DAY」（日本テレビ系列）、7月14日には「2021FNS 歌謡祭

5　K-POPにおける「カムバック」とは、「活動を再開すること」や「新曲・新アルバムを発表すること」を指す。韓国のアイドルはいわゆるオンシーズンとオフシーズンのようなものが、日本のアイドルよりも色濃く分かれている。アルバムの制作やパフォーマンスの練習を行う「準備期間」を経てカムバックし、番組やイベントなど活発に表に出る「活動期間」を過ごす。準備期間はメンバーの姿を見る機会が減るため、その分新曲を発表する時には「やっと再開する」「ついに会える」という高揚感からカムバックするという言い回しになった。

夏」（フジテレビ系列）、7月17日には「音楽の日」（TBS系列）と、民放キー局の番組に相次いで出演した。日韓両国のテレビ番組へのBTSの対照的な姿勢の背景には、前述した韓国メディアのBTSへの冷淡な対応に加えて、BTS側が出演を望んでいない側面もあると思われる。こうした姿勢を取る理由としては、以下の2点が考えられる。

第1に、韓国の音楽番組はアーティストのパフォーマンス映像の使用権を独占しているという事情がある。韓国の音楽番組は、番組で撮影したパフォーマンス映像をYouTubeなどのプラットフォーム経由で無料公開し、収益を得ている。また、テレビで流れるパフォーマンス映像以外にもチッケム（직캠＝日本語の「直接カメラ」の略語）と呼ばれるグループ内の特定のメンバー1人を1曲のパフォーマンスの間、ずっと撮影した映像や「one take stage」という、一台のカメラを回し、ノーカットで撮影することにより、躍動感を演出したものなど、実に様々な映像がYouTube上で公開されている。こうした映像の使用権は、アイドルの所属事務所やアイドルたち自身にあるわけではなく、番組制作者側にある。K-POPは海外ファンも多く、海外から手軽にアクセスできるこうした映像への需要は高く、相当な再生回数を稼いでいるものもあるが、直接的な利益はテレビ局のみに帰属することになる。

第2に、韓国でカムバック活動をする負担の大きさがある。メンバーのSUGAは、韓国内でのK-POPアイドルのカムバック活動の厳しさを語っている。韓国では地上波3局、ケーブルテレビ3局の計6局が音楽番組を放映し、番組は月曜日を除く週6日に分

散配置されている。新曲を出したアーティストは、プロモーション活動としてほぼ毎日、音楽番組でパフォーマンスを披露する。カムバック活動中は、音楽番組だけでなくバラエティー番組などにも出演し、期間は約1か月に及ぶ。SUGAは「活動を始めると、毎日1本ずつ音楽番組に出演するので、アーティストが経験する疲労もかなり多く、疲労が溜まることで怪我につながることも多いです。そういう音楽番組は、プロモーションレベルなのでアーティストがしっかりと収入を得られるわけでもありません。活動は多いのに目に見える成果がないので、どうしても士気が下がってしまいます」と、問題点を指摘する（*Danmee* 2021年8月5日）。

　番組に毎日出演し、激しいパフォーマンスをすることに加え、先に述べた「one take stage」、さらに事前収録の場合は何度か撮り直したりすることもあるという。また、音楽番組の新曲紹介、見どころなどのインタビューは生出演のため、そのために別途撮影をする必要があり、カムバック期間中のK-POPアイドルたちの多忙さには、想像を絶するものがある。BTSは韓国ですでに絶対的な知名度があり、ファン層もある程度固定している。現時点で韓国の音楽番組に出演しても、費用対効果は低く、世界進出を果たしたBTS側にとって、非効率に映っていることは想像に難くない。

　一方で、日本の音楽番組に出演するインセンティブは大きい。日本には2020年前後から再び、韓流ブームが訪れている。テレビ局側としても、高視聴率が期待できる存在としてBTSへの期待度は高い。また、日韓関係が悪化しているにもかかわらず、日本のテレビ局が韓流を重視する理由としては以下の3点が挙げら

れる（木村 2020年12月2日）。K-POPアイドル界における日本人メンバーの増加、大手レコード会社との関係性、コロナ禍によるリモート出演の常態化である。K-POPアイドルが日本で活動する際には、ソニーミュージック、ユニバーサルミュージックといった日本の大手レコード会社が関与していることが多く、テレビ各局にとって、レコード会社は重要なスポンサーである。加えて、コロナ禍により国境を越えた移動が困難になり、リモート出演が常態化したことで、出演のたびに来日する必要がなくなり、むしろハードルが下がった点も指摘することができる。

　BTS側が日本の音楽番組に積極的に出演する理由としては、日本にまだBTSを知らない層（YouTubeやSNSをあまり見ない、韓流に関心がない層）があり、テレビ出演でこうした層に存在を伝え、新たなファンを開拓する機会を得られる点がある。また、日本の音楽番組には、パフォーマンス映像をYouTubeなどで公開する慣行が広がっていない点も考えられる。CDTV、MUSIC BLOODといった日本の音楽番組出演時のパフォーマンス映像はYouTube上で公開されているが、配信は放送局側ではなく、BTSの公式チャンネル経由である。

　日本を始めとする海外でさらなるファン層の開拓を求めるBTSと、韓国の音楽番組との間で利害にずれが生じた一方で、日本での番組出演は放送局とBTSの双方に利益がある。この点が、日本の音楽番組には出演していながら、韓国の音楽番組には出演しないと言われる理由ではないか。多様で大量のコンテンツをYouTubeなどのSNSで無料公開することで世界的な人気を獲得してきたK-POPであるが、アイドルの心身の健康への配慮が乏し

く、過密スケジュールのような陰の部分が存在し、ファンの間か
らも懸念の声が聞かれる。K-POPがますますグローバル化する
近年、BTSが示したK-POPアイドルとテレビ局の関係性、K-POP
アイドルの活動方式の問題点は今後、他のアーティストでも形を
変えて現実化する可能性があると思われる。

K-POPアイドルの枠を超えたがゆえの苦労

　冒頭でも触れたように、欧米から見ればBTSは「東アジア代
表」という大きな括りで捉えられている側面があるが、東アジア
各国に焦点を当てると、BTSを取り巻く環境や、彼らの受容のさ
れ方は、国によって相当に異なることがわかる。韓国にあっては、
SNS重視という新たなプロモーション方法を用いたために、国内
のレガシーメディアに快く思われていないという事情、兵役特例
や外交官パスポートといった「特別扱い」への批判がある。中国
では、BTSの発信するメッセージが政府の統治のあり方との摩擦
をはらんでいるためか、規制の対象になっている。日本では歴史
認識をめぐる韓国との摩擦がBTSにも否定的な影響を与えた経
緯があることに触れた。

　K-POPアイドルという枠を超え、様々な発信をする彼らであ
るがゆえに、政治論争に巻き込まれることや批判にさらされるこ
とも多い。いちK-POPアイドルである彼らが、国連でスピーチ
をしたり、アメリカ大統領と会談したりするということに対し、
違和感を抱く人がいてもおかしくはない。しかし、K-POPに限ら
ず、「アイドルはこういう（こうあるべき）もの」という固定観念
にとらわれ、最初から否定するのではなく、誰も経験したことが

ない挑戦をする彼ら、そしてBTSを通して団結するARMYの潜在力が今後、東アジア地域に何をもたらすかは、大衆音楽、芸能の枠を超えた社会的関心事として、注目に値するのではないか。

⟦⟧参考文献

金成玟「BTSが解放したもの」『世界』通巻961号（2022年9月）

平松道子「なぜBTSは飽きられないのか。熾烈なK-POP競争を生き抜く強さの正体」講談社ホームページ（2021年7月30日）、https://gendai.ismedia.jp/articles/-/85667（検索日：2022年5月28日）

ジン「BTSをとりまく韓国一般大衆の変化…史上類を見ぬK-POPグループ大成功の理由」講談社ホームページ（2022年4月3日）、https://gendai.ismedia.jp/articles/-/93980（検索日：2022年5月28日）

「BTS、韓国への経済波及効果は4000億円超 イメージ向上後押し」、*AFPBBNews*（2018年12月18日）、https://www.afpbb.com/articles/-/3202926（検索日：2022年5月28日）

「英雄となったBTS『日本人が大谷に熱狂するように韓国人はBTSを誇らしく思う』」『NEWSポストセブン』（2021年11月17日）、https://www.news-postseven.com/archives/20211117_1707273.html?DETAIL（検索日：2022年5月28日）

「中国のARMYが世界初？…推定1千万人のファンが"FIRE"するBTSへの愛」、*KBSWORLD*（2021年8月27日）、https://www.kbsworld.ne.jp/entertainment/view?blcSn=58614&rowNum=1（検索日：2022年1月10日）

「BTSジョングクの中国ファンクラブの恐るべきパワー！ なんと2億円超分のアルバムを共同購入」、*KPOPmonster*（2019年5月21日）、https://www.kpopmonster.jp/?p=14937（検索日：2022年5月28日）

「BTSの中国のファンがまた"本気"出した！ アルバム大量購入の記録

を更新し、見事チャート1位に再浮上」、*KPOPmonster*（2019年5月30日）、https://www.kpopmonster.jp/?p=15741（検索日：2022年5月28日）

西岡省二「ここまできた習近平政権『芸能界浄化』：中国版ツイッターがBTSファン締め出し」『YAHOO JAPANニュース』（2021年9月8日）、https://news.yahoo.co.jp/byline/nishiokashoji/20210908-00257173（検索日：2022年5月28日）

工藤博司「BTS『炎上』のややこしい事情　朝鮮戦争言及に『中国ネット激怒』も…その実態は？」『J-CASTニュース』（2020年10月13日）、https://www.j-cast.com/2020/10/13396505.html?p=all（検索日：2022年5月28日）

「中国、娯楽産業の規制強化、高額報酬や『男らしくない』番組を批判」『朝日新聞』デジタル（2021年9月2日）、https://www.asahi.com/international/reuters/CRWKBN2FY02X.html（検索日：2022年1月26日）

「中国でBTS Vの名前がついた小学校を建設へ！ 中国のファンが資金を寄付」、*KPOPmonster*（2020年7月14日）、https://www.kpopmonster.jp/?p=53478（検索日：2022年5月28日）

「BTS原爆Tシャツ問題『語られない』背景とは？ K-POP研究、第一人者の分析」、*HUFFPOST*（2018年12月11日）、https://www.huffingtonpost.jp/2018/12/11/bts-matter_a_23614728/（検索日：2022年5月28日）

「スケジュール」BTS日本公式サイト、https://bts-official.jp/schedule/?k=3（検索日：2022年2月14日）

「BTS、韓国の音楽番組に出演しない理由『効率と環境が悪い！』SUGAの反骨精神」、*Danmee*（2021年8月5日）、https://danmee.jp/knews/k-pop/bts-suga-8/（検索日：2022年2月14日）

木村隆志「K-POPが嫌韓ムードなのにやたら重宝される訳」『東洋経済オンライン』（2020年12月2日）、https://toyokeizai.net/articles/-/391928?page=4（検索日：2022年2月14日）

第6章

「壁」を越えて

「POP の本場」アメリカ
の心に刺さった BTS

塚盛可蓮・泉咲都季

1964年2月、「エド・サリヴァン・ショー」でパフォーマンスを披露するビートルズ。
The Beatles 公式 YouTube より（2016年4月7日）。

　1964年2月、ザ・ビートルズがアメリカCBSテレビの人気バラエティー番組「エド・サリヴァン・ショー」でパフォーマンスを披露した。視聴率72％を記録した彼らの出演に対して、当時の *New York Times* は「British Invasion」（イギリスの侵略）と報じた。これは世界の主流文化を生産するアメリカにおいて、イギリス文化がアメリカを席巻したことを意味する。つまりザ・ビートルズの登場によってアメリカの音楽文化がイギリスの文化に巻き込まれたのである。

　それから55年後の2019年5月、「エド・サリヴァン・ショー」の後身であるテレビ番組「ザ・レイト・ショー・ウィズ・スティーヴン・コルベア」にBTSが出演。ビートルズがパフォー

マンスを披露した同じ劇場で、当時のビートルズをオマージュ
したパフォーマンスを披露した。番組は、1964年当時と同じ白
黒で放送され、BTSメンバーはビートルズと同じくスーツを着用
しており、観客も1960年代のファッションや髪型をオマージュ
するほどの徹底ぶりだった。番組では彼らを「ビートルズがア
メリカに上陸して55年3か月6日が経ってから『レイトショー』
を訪れたスター」とし、司会者のコルベアは、ビートルズの別
称「The Fab Four」（ザ・ファブ・フォー）に引っかけて「The Fab
Seven」と紹介した。番組はアメリカだけでなく世界で大きな話
題を呼び、YouTubeのパフォーマンス動画は1,500万回以上も再
生されている（2022年10月現在）。

　アメリカで人気のある番組においてアジア人アーティストの
BTSに、世界のビートルズの公演をオマージュする機会が与えら
れたこと自体、異例のことだった。しかも、BTSはビートルズと
の比較を受け入れる一方で、「自分たちの価値と自分たちの音楽
で認められたい」と、堂々と拒む姿勢さえ見せていた（ハーマン
2021, p.10）。

　1960年代にアメリカに降り立ち「British Invasion」を先導した
ビートルズ。彼らはアメリカの長い音楽史を丸ごと書き換え、自
らのものにした。彼らの音楽がアメリカ人の心を動かしたことに
よって、イギリスのロックやポップミュージックなどの文化が
アメリカを席巻したのだ。その経緯を踏まえると、BTSのこの日
のパフォーマンスは、これからのアメリカのPOPがBTSのもの
であることを示す、つまり「BTS Invasion」（BTSの侵略）である
ことを宣言したのも同然であった。この出来事は、BTSの名前が、

2019年5月、「ザ・レイト・ショー・ウィズ・スティーヴン・コルベア」に出演し、「Boy With Luv」をパフォーマンスするBTS。「The Late Show with Stephen Colbert」公式YouTubeより（2019年5月16日）。

まるでビートルズ（B.T.S）の略語のようにも聞こえることもあって、その感動やインパクトを倍増させた。

BTSの快進撃──勝負の難しいアメリカで

　近年のBTSは、アメリカで熱狂的な支持を集めており、勢いはとどまるところを知らない。アメリカでの人気を示す指標となるグラミー賞（Grammy Awards）、アメリカン・ミュージック・アワード（AMAs）、ビルボード（BBMAs）の3大アワードの中でも、もっとも権威が高いグラミー賞で、第63回（2020年度）に韓国人アーティスト初のノミネートという快挙を果たした。また、第64回グラミー賞でも「Butter」がノミネート。受賞が確実視されていたが、惜しくも受賞を逃した。受賞できなかった理由をめぐっては、グラミー賞と人種問題の関係が深く関わっていると声

高に指摘された。[1]

　グラミー賞候補は、主催者「レコーディング・アカデミー」の会員の投票で選出されるが、非白人の割合はわずか25％という。加えて、選考過程の不透明さも問題点として挙げられる。長年、グラミー賞を取材してきた雑誌『ロッキング・オン』のニューヨーク特派員は、「ダイバーシティー（多様性）が重要とされる世の中で、音楽産業がいかに白人男性に仕切られた旧体制のままであるのかということを象徴していると思います」と述べた（大野 2021年3月8日）。

　これに対し、統計をもっとも客観的に取るのがアメリカで最高の権威を誇る音楽チャート、ビルボードのHOT100（シングルチャート）と言われる。ビルボードHOT100の集計方法は、CD売り上げやダウンロードなどのセールス、そしてラジオ局で放送された回数、ストリーミング回数などをそれぞれポイント化し、ポイントの合計値が高い順にランク付けしている。

1　さらにBTSは、2022年度の第65回グラミー賞では、アンソロジー・アルバム『Proof』にある「Yet To Come」が「最優秀ミュージック・ビデオ」（Best Music Video）部門に、コールドプレイとのコラボ曲「My Universe」が「最優秀ポップ・パフォーマンス／グループ」（Best Pop Duo/ Group performance）部門に、それぞれノミネートされた。また、「最優秀アルバム」（Album of the Year）部門には、コールドプレイの2021年アルバム『Music of the Spheres』（「My Universe」収録）がノミネートされたが、BTSはフィーチャリング・アーティストとして、RM・SUGA・J-HOPEがソングライターとして、この作品にクレジットされた。BTSは3年連続5回目のノミネートとなったが、惜しくも受賞を逃した。

BTSは2020年8月に発売したシングル「Dynamite」で韓国アーティスト初の1位を獲得して以来、短期間にHOT100の頂点を何度も極めた。「Dynamite」に加え、アルバム『BE』のタイトル曲「Life Goes On」、デジタル・シングルの「Butter」と「Permission to Dance」、そしてコールドプレイとのコラボ曲「My Universe」の計6曲で、通算17週にわたって1位を獲得した。

　また、韓国メディアが伝えた「BTSをもっとも多く消費した国はどこか」という記事も話題を呼んだ。韓国紙『中央日報』がYouTubeの音楽チャート統計を活用し、2021年3月から2022年2月までのファンダムを分析した。BTSの公式ミュージック・ビデオ（MV）、公式楽曲を利用したユーザー制作コンテンツ、歌詞動画などは該当期間中、約151億回再生されたのだが、アメリカは世界5位の消費国となった。なお、1位は日本、2～4位はインド、インドネシア、メキシコが続いた。アメリカに次ぐ6位に入ったのが韓国である。つまりアメリカは彼らの出身国である韓国よりもBTSを多く消費していたのである。ポップの本場であるアメリカで、いかにBTSの曲が聴かれているかがわかるだろう。

　そんなポップの本場アメリカは多文化社会と言われるが、音楽市場は意外にも保守的であることが知られている。主要音楽祭では英語圏のアーティストの活躍が目立ち、非英語圏のアーティストが活躍することは珍しい。過去50年、アメリカでのアルバム売り上げの上位を占めてきたのはアメリカとイギリスの歌手が大半である。やはり言語の壁は分厚いのだろう。また、アメリカの主要ラジオ局が外国曲を流すことは少ない。聴取者の反感を買う恐れがあるためであり、これまで韓国を始め、多くのアジア人

アーティストがアメリカ音楽市場への進出を目指したが、成功した例はなかった。

　アメリカの市場には「主流」と「傍流」を明確に区別する意識が根底にあり、こうした区別は人種や権力などに基づくと言われている（守 2020 年 11 月 11 日）。多文化国家を標榜しつつ、白人優位というステレオタイプはアメリカ人の心に根付いており、彼らにとって外国から来た者は、たとえアーティストであろうと、「よそ者」と認識される。そのため、アメリカ音楽市場において、非英語圏アーティストが活躍する空間は乏しいものとなる。

「Dynamite」と「Butter」に見るアメリカ的音楽性

　これほどまでに保守的なアメリカの音楽市場でなぜ、よそ者であるBTSが成功したのか。なぜ彼らが「主流」となったのか。根本にはやはり彼らの音楽性がある。一言でいえば、BTSの音楽はアメリカ人にとって馴染みのある音楽なのだ。

　BTSが世界中に名を轟かせる大きな一歩となったのは、「Dynamite」と「Butter」であり、両作品はアメリカ的な要素がとても強いと言える。

　「Dynamite」は、新型コロナウイルスが全世界に蔓延するなか、ポジティブな空気感、癒しや楽しさをファンに届けるために制作された。彼らは雑誌の取材に対し、新型コロナウイルスがなければ「Dynamite」は存在しておらず、ファンに癒しのメッセージを届けるために制作したため、世界的ヒットを狙っていたわけではないと語った。こうしたファンに癒しや元気を与えたいという意図で作られた曲であるがゆえに、1970年代のアメリカのディス

コ・ポップを採用したと思われる。彼らが述べたとおり、新型コロナウイルスが世界で猛威を振るい、世の中が陰鬱な雰囲気に包まれていた時期に、明るく、踊りだしたくなるようなこの音楽は、ファンだけでなく世界中に元気を与えることになり、ビルボードのメインシングルチャート HOT100 で初の1位をもたらした。

　音楽チャート評論家のクリストファー・モランフィーは、最近はデュア・リパやレディー・ガガなど多くの人気アーティストが1970年代を彷彿させるディスコ・ポップの楽曲を発表しており、BTSがそのトレンドに乗ったことで世界のチャートを制覇したと述べる（モランフィー 2020年10月1日）。一度聞いたら耳に残り、口ずさみたくなるディスコ・ポップのサウンド。ダンスもディスコを彷彿させる振り付けや、真似したくなるような決めポーズを取り入れ、驚異的な大ヒットを記録した。

　またミュージック・ビデオ（MV）も、1970年代のアメリカを想像させる構成となっている。冒頭、JUNGKOOKが靴を履いて牛乳を飲むシーン、屋根裏部屋のつくりや、家具や小物なども当時のアメリカを忠実に再現している。レコードショップやドーナッショップ、メンバーの衣装や、大きなサングラスなどの小物に至るまで、1970年代から80年代のアメリカの流行を取り入れていることが見て取れる。視覚的にもディスコ・ポップを取り入れることによって、当時の懐かしさや楽しさを十分に感じ取れるMVに仕上げたと思われる。こうしたアメリカのレトロなスタイルを取り入れた楽曲に、現地の人々はどのように反応したのだろうか。YouTube上の「Dynamite」と「Butter」に対するコメントを見ると、ポジティブな内容のコメントばかりで、他のK-POP

BTS メンバーたちが大ヒット曲「Dynamite」の公式 MV から。1970 年代のディスコを連想させる衣装を着ている。 BTS 公式 Twitter「@bts_bighit」より。

「Butter」はベースラインと清涼感あふれるシンセサウンドが特徴のダンスポップジャンルの曲。バターのように柔らかく溶け込み君を捕らえるという BTS の告白が盛り込まれた。BTS 公式 Twitter「@bts_bighit」より。

アーティストと比較しても、圧倒的にコメント数が多い。また、「Butter」と「Dynamite」の両楽曲には公開1年後に、1周年を祝うコメントが多数寄せられ、現在もコメントの更新が続いている。なかでもやはり、北米圏からのコメントが多く見られ、人気の高さを物語る。

　さらに、この2つの楽曲は、BTSの楽曲の中でも特にアメリカで人気が高い。「Dynamite」は、彼らの人気に火をつけた曲であり、発表から1年足らずで5曲が次々にビルボードHOT100で1位を獲得するブレークの起点となった。1年足らずで5曲が1位を獲得したのは、1987〜88年のマイケル・ジャクソンに次いで2番目に早い記録であり、アメリカのポップス史を代表する有名アーティストと肩を並べるほどの人気と評価できる。「Butter」はグラミー賞候補作のシングルであり、2021年のストリーミング再生回数は17億6,000万回を記録[2]。世界デジタル・シングル・チャートでも4位に入るなど大ヒットした。BTSはこれだけでなく、他にもビルボード・ミュージック・アワード（BBMAs）、アメリカン・ミュージック・アワード（AMAs）、MTVビデオ・ミュージック・アワード（MTV VMA）での各部門受賞など、数えきれないほどの賞を受賞している。この2曲はBTSに大きな変化をもたらした曲でもあり、アメリカ人になじみ深いポピュラーなアメリカ・レトロスタイルを取り入れた親しみやすいな楽曲に

2　ギネスワールドレコーズは2021年5月、BTSの音楽が世界最大級の音楽ストリーミング・プラットフォームSpotifyを介して163億回にわたりストーリミングされたとして、BTSを「Spotify歴代最多ストリーミング・グループ」と認定した（McIntyre 2021年5月27日）。

仕上げたことが、アメリカでの人気爆発の要因とも言える。

　BTSの2曲目となる英語曲「Butter」のコンセプトについてRMは「調味料のような、さらに軽快なダンス・ポップ・ソング、サマー・アンセムって感じです。とにかくポジティブなヴァイブスと陽気なエナジー」と語る。レトロなディスコ・ポップに夏を意識した、1980年代のアメリカの雰囲気も感じさせるこの曲は、歌詞もアメリカを強く意識している。冒頭の「Smooth like butter Like a criminal undercover」（バターのようになめらかに　正体を隠した悪党のように）の部分は、マイケル・ジャクソンが1988年にリリースした「スムース・クリミナル」のオマージュと言われる。また、「Don't need no Usher To remind me you got it bad」（わざわざ教える必要はない　君が夢中になっていることを）の部分は、Usher（アッシャー）が2001年にリリースした「U Got It Bad」からインスピレーションを得たと言われている。どちらもポップス史に名を刻む大スターであり、彼らへのオマージュであるとして話題になった。

　「Dynamite」と「Butter」の2曲は、それまでのBTSの楽曲と比べても、よりアメリカ的と見ることができ、英語曲であるだけでなく、アメリカの近年のトレンドであるディスコ・ポップを採用し、MVや振り付け、衣装までも当時のアメリカの雰囲気をうまく取り入れている。加えて、かつてのスターへのオマージュというべき歌詞もあり、ポップの本場に刺さる楽曲となっているのだ。

正直なメッセージは人種や言語の壁を越えて

　アメリカのレトロ的な要素を含んだBTSの楽曲は多くのアメ

リカ人を魅了してきた。アメリカ人に馴染み深い音楽であるがゆえに、受け入れられやすかったと思われる。しかし、これだけでは人気を十分に説明できない。では、成功の原動力となった彼らにしかない魅力とは何であったか。レトロな要素を含んだ音楽性に加えて、BTSにはアメリカ人にとって新鮮な魅力があったのではないか。しかもそれは、国籍や言語、人種の壁を越える、とても大きな魅力であったのだ。

　彼らの「新鮮な魅力」の背景として、アーティストとしての活動に限られない、社会的な活動の存在を指摘できる。特に、人種差別に反対する活動が注目されており、BLM（Black Lives Matter）運動に100万ドルを寄付し、コロナ禍で拡大したアジア系住民へのヘイトクライムにTwitterで抗議し、2022年6月にはホワイトハウスに招待され、バイデン大統領、カマラ・ハリス副大統領と面談するなど、活動の多様さと影響力の大きさは世界的にも知られている。BTSの行動に触発され、ARMYも難民救済や熱帯雨林保護など、様々な社会的課題について、寄付を募るようになった。こうしたARMYの行動は、BTS自身も予測していなかった展開であり、BTSの行動に感銘を受けたARMYが自然発生的に動いたのである。

　BTSをめぐる一連の出来事は、アメリカ人にとっても新鮮な魅力に映ったと言える。人種差別という極めて深刻な問題を抱えているアメリカであればこそ、彼らの人種差別問題への積極的な取り組みに、従来のマッチョとは対照的な新しい「男性像」を感じたことは想像に難くない。歌や踊り、ラップに加えて、ビジュアルを評価されるだけでも、十分に人気の原動力となるが、それに

加えて、政治的、社会的な問題に積極的に取り組むBTSの姿は、新たな「クール」(かっこ良さ)を提示していると思われる。

　BTSの政治問題や社会問題に対する積極的な取り組みは、アメリカでのBTSの人気、評価の向上につながった。とはいえ、「BTSの人気の理由」と問えば、「顔がいいから」「パフォーマンスがかっこいいから」「歌、ダンスが上手いから」といった一般的な要素を挙げる人がなお多いはずだ。しかし、アメリカでの圧倒的人気の理由は一概に、BTSの表面的な魅力だけで説明しきれない。心のこもったメッセージを発し、それをストレートに行動に移すなど、従来のアーティストには見られなかった新しい「男らしさ」が、多くのアメリカ人の心に響いた。人種のサラダボウルと言われるほど、世界各国の様々な人々が多く共に生活する国であればこそ、BTSの真摯な姿は心に刺さり、応援したいと思わせたのではないか。

　他のアーティストにない彼らだけの魅力の一つが「メッセージ性」である。彼らは10代や20代の若者に向けられる抑圧や偏見に対して、自らの言葉で想いをぶつけている。他のアイドルと異なるBTSの特徴は、「自分自身」の歌を歌うということにある。多くのアイドルは他の人の制作した歌を歌うのに対して、彼らは社会の中の生きづらさや苦しみに関する思いを、自分たちの言葉で歌にしてパフォーマンスしている。

　例えば、オバマ元アメリカ大統領が演説の最後に「俺の演説最高だっただろう?」という意味を込めてマイクを落とす姿にインスパイアされて生まれた「Mic Drop」。この曲を作るにあたってRMは、小規模事務所所属として後押しが乏しいままデビューし

たアイドルとしての侘しさや怒りについて、自分たちの思いを歌詞にしたと明かした。歌詞には社会的階級の違いによって生じる人々の憤りや侘しさの気持ちが表されており、多くの共感を得る一曲となった。また、RMはインタビューの中でこう語る。

「当時、僕たちはみんな10代でした。学校という場の不条理や、ティーンエイジャーに特有の不安や恐怖など、僕たちが実際に感じたり経験したりしたことを歌にしていました。しかし、若者のそういった考えや感情に国境はなく、アメリカをはじめとする欧米の人々も、韓国で暮らす僕たちと同じように感じていたんです。」（*Rolling Stone Japan* 2021年8月, p.14）

アメリカの若者は、社会での生きづらさや苦しみ、不安などの思いを、BTSの歌に重ねたのだ。BTSの声が多くの若者の心に響いたことは間違いない。なぜなら、彼らの歌は「彼らの心の声」そのものだからだ。本当の心の声を聞いた時、アメリカの若者は心を震わせ、共感しあった。彼らの歌に思いを重ね、心の声を歌にして世界に伝える彼らの姿に感動したに違いない。また、BTSのように世相を批判し、自らの苦悩を曲にするグループはまれで、その点が、K-POPを知っている外国のファンに「BTSの音楽は違う」と思わせたのだろう（金 2020, p.196）。

2018年にニューヨークの国連本部で行った彼らのスピーチは、アメリカや日本だけでなく世界中で大きな反響を呼んだ。リーダーのRMは、「肌の色やジェンダー意識は関係ない」「自分自身を愛することを学んだ」「たくさんの失敗や恐れもあるけど、自

分を力いっぱい抱きしめることで、少しずつ自分自身を愛せるようになった」と語り、これらの言葉は、全世界の多くの人々に希望を与えたとして絶賛された。

　BTSが伝え続ける「Love Yourself」。このメッセージはアメリカにとって、非常に新鮮であったに違いない。アメリカでは人種差別や格差が世界的に見ても大きな社会問題となっている。黒人差別やアジア系差別などは深刻であり、所得格差も大きく、それだけ苦しむ人が多いことになる。こうした中で「自分自身を愛そう」というメッセージ、そして自分に正直に生きるBTSの存在は新鮮に映ったであろう。同時に、彼らの存在が希望の光となったのだ。

　BTSは、韓国のエンタメ業界では触れないことが暗黙のルールとされていた人種問題やLGBTQの権利について、堂々と立場を明らかにした。そのような彼らの情熱的で、慈悲深く、正直な姿は、人種や言語の壁を越えてアメリカ人の心を動かす結果となったのだ（金 2020, p.19）。

BTSが世界を魅了する理由

　ジェンダー問題もアメリカが抱える深刻な問題の一つであるが、ここでもBTSの存在は新たな風を吹き込んだ。欧米における「男らしさ」の基準が、BTSの出現を契機に変わりつつある。かつての欧米における「男らしさ」は、強い意志を持ち覇権的なものとされた。身体が頑健で力強く、涙など見せず理性的であろうとする男性のことだった。

　欧米で形成されたこうした男性像と異なるのがBTSだ。彼ら

はメイクをし、スカートを着用することもある。ビジュアルで従来の「男らしさ」の価値観に変化をもたらすだけでなく、ステージや動画でも笑いや涙などの感情をすべて見せ、メンバー同士の親密な姿もすべてさらけ出したりしている（洪 2021, pp.243-246）。これもまた、アメリカ人にとっては新鮮であったに違いない。彼らの姿に偏見を持つ人は今も存在するが、多くのファンはそれを「人間らしくリアルな姿」として肯定的に捉え、新たな男性像として受け入れた。

　BTSが提示した新しい男性像は、多様性に富んだアイデンティティを表現するうえでの心理的障壁を取り除き、BTSのファンだけでなく、多くの女性や男性、性的マイノリティの人々に新しい選択肢、新しい光をもたらしたと言える。

　BTSがアメリカで人気を博した理由として、「親しみやすさ」も挙げられる。従来の人気アーティストのスター性と、BTSのスター性の間には差異が見て取れる。例えば、ビリー・アイリッシュと比較するなら、彼女はいわゆる「天才的」なスター性を持つ。生まれ持った才能をフルに生かし、彼女だけの音楽を創り上げる。彼女の独特な世界観に魅了され、応援したいと思う人は世界中に数多く存在する。アイリッシュのように、独特の世界観を持ち、かつ唯一無二の音楽を作り上げている人は、人気アーティストのいわば典型であり、「天才型」のスター性と言える。

　では、BTSのスター性とは、いかなるものか。「天才型」のスター性を持っているかと言えば、過去の経歴に照らしてもそうは言い難い。韓国のアイドル業界が「戦国時代」と呼ばれるほど競争が厳しい時期にBTSは出発し、生き残るためには相当な努力

を求められていた。大手事務所に入所することはトップアイドルになるための近道と言えるが、実力がなければ何年も練習生のまま、日の目を見ずに終わってしまう人も存在する。練習生になれたとしても、アイドルとしてデビューできる確率はかなり低い。それほどK-POP業界の中で生き残り、成功することは難しく、常に未来が不透明な中で努力を続けることを求められていた。

　付け加えれば、韓国は厳しい学歴社会でもあり、有名大学に進学することが、安定した将来を保証すると考えられてきた。このような韓国社会にあって、受験や就職という一般的な進路ではなく、アイドルという不確実な道を選ぶこと自体、非常に大きな決断であった。大きな夢を抱き、それを実現するために、不確かな未来に向けて努力を続ける。それほどまでに韓国でアイドルとして成功するのは難しいのである。

　デビューを果たしたとしても、各事務所は常に新しい優秀な人材を求めており、人気が停滞すれば、使い捨てられる。「K-POPの世界は、アーティストを使い捨て扱いすることで知られている。才能ある人材を発掘すると、厳しいトレーニングで型にはめ、大掛かりな整形手術を施して徹底的にイメージを作り換えるのだ」。このように、人間扱いされないことも、当たり前のように起こっているのだ（スティーヴンス 2019, p.28）。

　これほど過酷な韓国のアイドル市場にあって、BTSはいかに国境を越え、世界で支持を集めたのか。BTSは当時のBig Hit Entertainment（以下Big Hit=現HYBE）を所属事務所として結成された。Big Hitは2010年に「ヒップホップオーディション HIT IT」というプロジェクトに着手し、防弾少年団（BTS）の結成へ

動き出した。同オーディションで現在の7人が防弾少年団のメンバーに決定した。

BTSをプロデュースした房時爀（現HYBE理事会議長）氏は、BTS結成にあたって以下のような構想を温めていた。「BULLETPROOF BOY SCOUTS（防弾少年団）についての構想は、生の原石を集め、メンバーの内に秘めた炎、意欲、個性を強化して、真のアイドルにふさわしいグループを作り上げることだった」。房氏は、BTSメンバーの感性や意見を第一に優先し、必要最低限の指導をするという方法をとった（スティーヴンス 2019, p.28）。事務所の意向ではなく、メンバー7人の真の感性を最優先することで、嘘偽りないメッセージを常に発信し続ける、現在のBTSは送り手が描いたとおりの姿であると言える。

房氏の戦略は、従来なかった新たなK-POPのスタイル、BTS独自の方向性を示し、後に世界で活躍する土台を築いたと言える一方で、ヒップホップアイドルという路線やBTSのバックグラウンドは困難を伴いもした。

BTSは当初、ヒップホップをグループのアイデンティティに据えて活動していた。今でこそBTSと似たスタイルを取るアイドルグループも多くなったが、BTSのデビュー当時はヒップホップを取り入れて活動するグループはあっても、BTSほどヒップホップを前面に押し出して活動するグループは少なかった。こうした中で、ヒップホップとアイドルという正反対と言ってよい方向性を併せ持つBTSは、当初はなかなか受け入れられなかった。単に受け入れられないというレベルを超えて、批判やバッシングを浴びることもあった。批判の中には、「なぜ男が化粧をするの

か」「ヒップホップを謳っているラッパー集団のはずなのになぜ
踊るのか」「そもそも主流ではないからおかしい」などという声
もあった。ヒップホップをアイデンティティに据えて活動してき
たにもかかわらず、アイデンティティを丸ごと否定されたのであ
る。

　デビュー後しばらくは、こうした批判の中で活動を続けていた。
苦しい状況にあっても、BTSは当初の方向性でありアイデンティ
ティであるヒップホップというスタイルを貫いた。多大な困難を
BTSは力に変え、成長のバネにしたとも言えるのではないか。こ
うした経緯から、BTSのスター性は、いわば「努力型」と規定す
ることが可能で、生まれ持った才能ではなく、様々な困難を乗り
越えた末の台頭であったからこそ、ARMYという最強の支援者
がつき、似たような経験をした多くの人が、親しみを感じること
ができたのではないか。この親近感も、BTSが世界中で愛される
理由の一つと思われる。

ビートルズとBTS、世界的な支持を得た両者の相違点

　冒頭で「BTS Invasion」と「British Invasion」について述べた。
ここではビートルズとBTSの比較を試みる。まず、両者の共通
点として挙げられるのは、いずれも「普遍性を持っている」点に
ある。BTSは第2のビートルズと言われるほど、アメリカで人気
を博している。BTSもビートルズも元来、アメリカのアーティス
トではないが、アメリカで成功を収めた。アメリカで受け入れら
れるような普遍性を持っていたからである。ここで、アメリカに
おける「普遍性」とは何だろうか。BTSもビートルズも、三角形

のように明確に形があるものではないため、彼らの作り出す音楽や彼ら自身にアメリカで受け入れられるような魅力があったと言える。彼らに共通しているのはやはり、ビジュアルの良さ、キャッチーな音楽などという、いわゆる王道のアーティスト的な部分ではないか。

　しかし、こういった外面的な魅力だけでなく、彼ら自身の人間性に魅力があるからこそ、アメリカでの人気を博したのである。BTSやビートルズのようなグループで活動してはいないが、マイケル・ジャクソンもその一人と言えるだろう。アメリカでの「普遍性」とは、ビジュアルや音楽的な才能だけでなく、多くの人から支持を得られる人間性であると考える。

　また別な共通点として挙げられるのは、ボーイズバンドの形態を一新したことである。ビートルズの時代のイギリスのボーイズバンドは、アメリカのロックンロールやR&Bに憧れを抱いていた。ビートルズはこうした要素を新たなスタイルで取り込み、自分たちのスタイルへと変化させた。こうした新しい音楽の形が、世界中から支持を得た要因となった。

　BTSもまた、従来の音楽の形式をガラリと変えたと言える。世界には歌唱特化型、ラップ特化型、ダンス特化型など、それぞれの差別性を強くアピールするアーティストが多くを占めている。だが、こうした特化型では、K-POP市場で生き残るのは困難である。韓国のアイドルは歌、ダンス、ラップ、すべてのバランスが取れて初めてデビューできる。なかでもBTSは、それぞれのスキルと魅力を最大限に高めている。

　彼らの過去の経歴を見れば明らかだが、一般人と同様、BTSは

様々な困難を経験してきた。困難を乗り越えた経験やその過程が BTSを現在のような、世界中に大きな影響を及ぼす存在へと成長 させた。このようなBTSの歩みも、ファンから愛される理由の 一つで、手が届かないと思われていたアーティストのプライベー トな一面を見せ、親しみやすさを感じさせるといった新しいスタ イルが、世界中の人々を虜にしている。

　では、BTSとビートルズの違いは何か。大前提として、BTSと ビートルズが活躍した年代が異なる。ビートルズは、SNSはもち ろん、携帯電話さえ存在しない時代に偉大な足跡を残した。SNS という武器を駆使することなく、今なお広範なファン層を持つ伝 説的なアーティストに成長した。この点がBTSとビートルズの 大きな違いである。BTSはSNSなどのオンラインへの発信を駆使 して、現在の人気を獲得したと言える。

　SNSという手段を積極的に利用することによって、BTSは極め て強い発言力を持つ存在となった。BTSのデビューは2013年で、 すでにテクノロジーは飛躍的な進化を遂げていた。韓国だけでな く世界の若者たちはYouTubeやSNSと共に成長している。こうし た背景から、BTSはSNSを巧みに利用して、ファンとの接触面を 広げていった。前述したBTSの親しみやすさも、こうした経路 を通じて伝えられていく。

　また、BTSとビートルズの大きな相違点として、「ファンとの 繋がり方」が挙げられる。ビートルズが人気を博した時代は、前 述したとおり、現在のようにネットが普及しておらず、SNSのよ うに気軽に発信したり、多くの人の意見を簡単に見ることができ なかった。他方でBTSが人気を博する現在は、世界中の人々が

BTSの一挙手一投足を追いかけることができるし、自ら意見を発信することもできる。ファンの発信したものがBTSに届くことももはや稀なことではない。

このように、BTSとビートルズとでは、「ファンとの距離の近さ」に、大きな差があると言える。SNSが普及している現代では、ARMYはBTSのSNSアカウントを見ればいつでも彼らと容易に繋がることができることを実体験できるようになった。ビートルズ時代にはなかった、アーティストとファンのより直接的なかかわり合いが、両者の絆をより深めたと言える。

この違いは、「BTS Invasion」と「British Invasion」にも関係するだろう。ここには、前述したとおり、時代背景がかなり大きく関わる。ビートルズが活躍した時代は、SNSがなかったがゆえに、「British Invasion」も局地的なものとなった。BTSはSNSなどのインターネットを駆使した活動を展開しているため、「BTS Invasion」は全世界的な次元に発展したと言える。

さらに、ファブ・フォー（ビートルズの愛称）のように、BTSはアメリカ国外からやってきた若者たちのグループであるが、音楽業界を牛耳る共通言語がもはや英語だけではないことを如実に証明している。自分たちが大切だと思うことを真摯に、かつ国や言語、人種の「壁」を越えて誰にでもわかる方法で、BTSは歌うことができたのである。「ポップの本場」アメリカでBTSが成功したのはまさに「BTSポップの勝利」にほかならないと言える。

BTSとビートルズは、世界に向けて彼らの意見を発信している点も共通している。まずビートルズは、楽曲で反戦を歌ったと言われている。有名なのは、「All You Need Is Love」「I Want To Hold

Your Hand」「Yellow Submarine」などである。この3曲を通して世界に向けて反戦を訴えていたと考えられている。直接的に政府を批判するのではなく、歌を通して間接的に訴えることで、彼らは世界に彼らの意見を発信していたのである。

一方でBTSは、ビートルズよりも直接的に、世界に彼らの意見を発信している。すでに周知のとおり、BTSは多くの社会的な問題や政治的な課題に積極的に関与し、解決に向けて行動している。これは今まで見てきたアイドルとは大きく異なる。ホワイトハウスを訪問しバイデン大統領と面会したり、国連総会で演説を行ったりと、ビートルズと比較しても、政治問題や世界の人権問題に、より深く積極的に関わっている。ビートルズは歌を通して間接的に訴えかけていたため、さほど強いメッセージにはならなかったが、BTSは直接、行動し、自らの素直な意見を発信したため、ARMYなどのファンダムだけでなく世界にも、より大きな影響を及ぼしたのである。

「Invasion」は「攻撃・侵略」を意味するが、本当にBTSはアメリカを侵略したのか、といえばそうは言えない。確かにアメリカからすれば、音楽市場を「攻撃」されたかのような多大な影響を受けたのかもしれない。しかし、「攻撃」や「侵略」といった言葉で表すのは適切ではないだろう。そのようなネガティブで一時的なイメージではもちろんない。BTSが与えているのは、よりポジティブな影響であるのは言うまでもない。BTSは、歌やダンス、多様な社会問題に関する取り組みなどを通じて、世界に元気や安らぎを与えた。アメリカには「自由」を与えた。かつて、植民地化され自由を手に入れるために独立したアメリカに、BTSは

再び自由を与えたのだ。これは決して誇張ではない。彼らの本物の心の声を表す多くの歌、積極的な政治的活動の参加など、彼らの存在は間違いなくアメリカの人々に希望・自由を与えた。

　ポップの本場アメリカで認められ、世界に名を轟かせたBTS。それは「世界がBTS化」したことを意味する。「BTS Invasion」。これはまさに、「世界のBTS化」を意味しているのではないか。そして世界中に多大な影響を与えた彼らの「Invasion」はこれからも広がり続け、世界的アーティストとして世界を明るく照らし続けるのだろう。

🅲 参考文献

タマール・ハーマン著、脇田理央訳『Blood, Sweat & Tears――BTSのすべて』誠文堂新光社、2021年

「BTSをもっとも多く消費した国はどこなのか？『1位日本』」『バンタンライフ』(2022年3月30日)、https://bangtan-jp.com/bts-consumer-country/ (検索日：2022年5月20日)

守真弓「BTSの音楽はアメリカの『壁』を乗り越えた注目のグラミー賞ノミネートは？」『朝日新聞』デジタルマガジン(2020年11月11日)、https://www.asahi.com/and/article/20201111/18948616/ (検索日：2022年5月20日)

洪錫敬著、桑畑優香訳『BTSオン・ザ・ロード』玄光社、2021年

金ヨンデ著、桑畑優香訳『BTSを読む――なぜ世界を夢中にさせるのか』柏書房、2020年

クリストファー・モランフィー「ビルボード1位獲得のBTS――ダイナマイトな快進撃の舞台裏」、*Newsweek* 日本版(2020年10月1日)、https://www.newsweekjapan.jp/stories/culture/2020/10/bts-1_1.

php（検索日：2022年5月20日）

「BTS、BLM運動に約1億円を寄付した理由を語る『偏見は許容されるべきではない』」、*Billboard JAPAN*（2020年10月6日）、https://www.billboard-japan.com/d_news/detail/92931/2（検索日：2022年5月31日）

「BTS、アジア系ヘイトクライムについてアナしあうためホワイトハウスの訪問が決定」、*Billboard JAPAN*（2022年5月27日）、https://www.billboard-japan.com/d_news/detail/112610/2（検索日：2022年5月31日）

Hugh McIntyre, "BTS Are Officially The Most-Streamed Group Of All Time On Spotify," *Forbes* (May 27, 2021), https://www.forbes.com/sites/hughmcintyre/2021/05/27/bts-are-officially-the-most-streamed-group-of-all-time-on-spotify/?sh=127565656759 (検索日：2022年12月20日)

「BTS、米ビルボードとのインタビューで新曲『Butter』のコンセプトやソロ・プロジェクトなどについて語る」、*Billboard JAPAN*（2021年5月24日）、https://www.billboard-japan.com/d_news/detail/100247/（検索日：2022年5月20日）

Rolling Stone Japan, vol.15（2021年8月）

在原遥子・大塚深冬「BTSと変わるダイバーシティへの意識～『BTSオン・ザ・ロード』ブックレビュー～」『電通報』（2021年7月21日）、https://dentsu-ho.com/articles/7846（検索日：2022年5月21日）

「BTS、アメリカでも大人気！米ポップ・カルチャー界で起こすパラダイムシフト」、*Harper's BAZAAR Korea*、https://www.harpersbazaar.com/jp/celebrity/celebrity-buzz/a29664397/bts-beyond-the-mainstream-191103-lift3/（検索日：2022年5月21日）

大野友嘉子「揺れるグラミー賞、3組が同時にノミネート辞退」『毎日新聞』（2021年3月8日）、https://mainichi.jp/articles/20210306/k00/00m/040/043000c（検索日：2022年5月21日）

カーラ・J・スティーヴンス『BTS　RISE OF BANGTAN』（ハーパーコ
リンズ・ジャパン、2019年）

第**7**章

「自分を愛し、声を上げよう」

「善なる影響力」のバタフライ効果

金ミンジ・川野友里亜

知識情報社会と呼ばれる21世紀は、ソフトパワーが主導する時代と言われ、世界各国はソフトパワーを国家競争力強化の戦略として活用している。文化産業が著しい発展を遂げた韓国は、様々なコンテンツを海外に輸出することで、経済成長だけでなく、国のブランド価値を一気に高める効果も手にした。今世紀に入って韓国のソフトパワーが急激に脚光を浴びた原動力は、テクノロジーの進展とK-POP・Kコンテンツと言っても過言でない。情報通信技術の進歩により、サムスンやLGなどの韓国企業がグローバルブランドとして浮上し、K-POPに始まる韓流ブームは、K-DRAMA、K-FOOD、K-COSMETICSなどへと広がり、自然に韓国文化が世界的な人気を呼んだのである。

Kコンテンツの叙事に注目する世界

最近、世界中の大衆文化市場で、韓国発のKコンテンツが注目を集めている。韓国系クリエイターの活躍が目立つなか、K-POPと韓国映画に対する関心が高まり、韓国の叙事が世界的な人気を集めている。代表的な例として、奉俊昊監督の『パラサイト』とリー・アイザック・チョン監督の『ミナリ』が挙げられる。国籍は異なるが、韓国語が主に使われた2つの作品が2年連続でアメリカ映画産業の中心地であるハリウッドで大きな注目を集めたことは、かなり意味のあることである。

両作品とも韓国人固有の文化と情緒を直接的に表現しつつ、貧富の差と安定した人生への欲求という、二極化する社会の中で人々が抱く思いを描いた点で普遍性を帯びており、国境を越えて世界的な共感を呼んだ。『パラサイト』では、半地下という韓国

特有の居住形態と、階段で表現された貧富の差と貧困が、『ミナリ』では1980年代にアメリカン・ドリームを求めて移住した数多くの韓国人の生活の様子とミナリ（韓国語で香味野菜のセリ）が象徴する新天地への定住の意志と希望、そして家族愛が描かれている（崔 2021年4月1日）。

韓国的叙事を盛り込んだ作品の相次ぐ成功を受けて、Kコンテンツの製作にも拍車がかかっている。Kコンテンツを語るうえで欠かせない作品の一つが、2021年にNetflixで公開されたドラマ『イカゲーム』である。Netflix歴代1位の視聴数を記録し、Kコンテンツの新たな可能性を印象づけた。韓国の無限競争社会と資本主義の実情を批判した点が多くの人々の共感を呼び、韓国の伝統的な遊びを残酷なデスゲームの素材にした演出の新鮮さも評価された。また、お金を稼ぐために命をかけるしかなかった人物の叙事は、作品の悲劇性を極大化している。

コンテンツ市場で韓国が本格的に注目を浴びるとともに、韓国の歴史を積極的に表現しようとする動きも表面化している。2022年3月にAPPLE TV+で公開されたドラマ『パチンコ』も韓国の情緒をよく示す作品である。日本統治時代に日本へ渡った朝鮮人家族の4代にわたる苦難に満ちた人生を描いたドラマで、在米韓国人作家による同名の小説を原作とする。韓国の歴史を扱うと同時に、人類の普遍的感情を伝え、強制動員や従軍慰安婦、関東大震災当時の朝鮮人虐殺といった歴史的事件を人物の背景として提示し、日本統治時代の状況を生々しく描いている。

『パチンコ』は単に韓国を背景にした歴史ドラマではなく、韓国をよく知るスタッフが制作したグローバルドラマである。『パ

ラサイト』『ミナリ』『イカゲーム』の大成功があったからこそ可能となったグローバルプロジェクトであり、韓国の情緒をそのまま盛り込んだ作品である。世界中の人々が共感し、韓国人も考えさせられる文化の力がここにある。同作は韓流の拡張であり、韓国について語るうえでもっとも重要な芸術作品であり文化商品と言える（金 2022年5月2日）。

　こうしたKコンテンツの底力は、日本のように微妙な関係にある国や、東アジアから離れた欧米諸国でも影響力を発揮している。これは韓国のアイデアと技術力だけでなく、韓国語であるハングルと韓国文化、いわゆる「韓国のもの」が世界中で通用することを意味する。『イカゲーム』がNetflix歴代トップコンテンツの座にのし上がり、『パラサイト』と『ミナリ』は国内外の映画賞を席巻した。こうした韓国ソフトパワーの最前線に、世界音楽市場の主人公、BTSがいる。

　現在、韓国を代表して世界中を魅了しているBTSは、ソフトパワーの強大国であるアメリカ市場で印象的な活動をしている点で注目する必要がある。アメリカの音楽市場においてBTSはビルボードチャートの上位を占め、アメリカン・ミュージック・アワード（AMAs）で3冠を達成するなど、アジアの音楽産業における新たな歴史を作ったことは、K-POPが世界的に認められていることを裏付けるものである（カン 2019, p.112）。また、韓流文化コンテンツが世界的な大衆文化として受け入れられていることを意味する。BTSが世界文化産業の中心地であるアメリカで活発に活動していること自体が、韓国ソフトパワーの可能性を立証するものであり、象徴的な価値を持つ。

BTSの世界的人気は、韓国の観光客増加や消費財の輸出拡大につながっており、その経済効果は年間5兆5,600億ウォン（約5,700億円）に上ると予想されている（『産経フォト』2019年1月4日）。それゆえ、BTSが国内外に及ぼす影響力は絶大であり、Kコンテンツ産業において彼らが占める比重は高まっている。韓国のソフトパワーは、BTS以前の多くの人々が取り組みを重ねた結果だが、BTSが現在先頭に立って道を切り拓いていることは誰も否定できない。彼らは、韓国を魅力的な国、訪れて経験してみたい国にしたという点で、韓国のより大きな国益に貢献している。

　一方、韓国のマスコミはBTSをしばしば「人間企業」として扱う。天然資源に乏しく、人が資源とされる国で、もっとも成功した「産業の担い手」であり、韓国の「文化的領域」を拡張した「K-POP戦士」、冷却した外交関係を喚起する「民間特使」として英雄化し、彼らの成就を経済効果や国力の規模に換算しようとする。

　だが、彼らの価値を何かに換算するのは不可能だ。様々な人種と文化を持つ世界中の人々が声を一つにして歌う「Dynamite」のカバー映像や、蒸し暑い日にBTSのコンサートに行って「夢、希望、前進、前進」と叫ぶサウジアラビアの少女たち、そしてBTSの歌を聞けば「何でもできるような力が湧いてくる」と話すファンの姿を見て、胸の奥まで満ちてくる感動はいったい何に換算できるのだろうか（崔2021年3月19日）。

　このように、BTSの世界的な成功は様々な側面で、何にも代え難い意味を持つ。特に、彼らのポリティカル・コレクトネスに対する信念はファンに重要なメッセージを発信し、彼らに影響を受

けたファンがさらに善なる影響力を拡大させている。BTSはどのような言動でどのようにファンに影響を与えているのだろうか。

多様性と包容の時代を生きるBTS

BTSは、なぜ世界に大きな影響力を発揮できるのだろうか。理由として、BTSの発信するメッセージが、ポリティカル・コレクトネスを実践していることが挙げられる。ポリティカル・コレクトネスとは、社会の特定集団の構成員に不快感や不利益を与えない政治的に適切な用語や政策などを意味し、人種・宗教・性別などの差異による差別的な表現を避けるものである。例えば、電車内のアナウンスでよく耳にする「Ladies and Gentleman」は「Everybody」に、「American Indian」は「Native American」に言い換えるなど、身近な場面で実践されている。

BTSはこれまで、音楽やSNS、国際会議の場を通じて、社会にポジティブなメッセージを投じ続けてきた。特に注目を集めたのは、国連総会でのスピーチである。これまでに3度出席し、世界中の若者に向けてメッセージを送ってきた。2018年9月、第73回国連総会に若者のリーダー代表として参加し、「自分を愛し、声を上げること」（Love Yourself, Speak Yourself）の重要性を訴えた。そして、「あなたが誰なのか、どこから来たのか、肌の色やジェンダー意識は関係なく、自分自身を語ろう」と呼び掛けた（UNICEF 2018年9月24日）。出自やアイデンティティにかかわらず声を上げようと訴えるポリティカル・コレクトネスに基づいた彼らのメッセージは、世界中から共感を呼び、人々に勇気を与えた。

BTSが2018年9月、国連総会でスピーチする光景。UNICEFホームページより。

　2020年9月には、第75回国連総会に映像でメッセージを届け、新型コロナウイルスが与えた影響に関するスピーチを行った。BTS自身もコロナ禍で精神的に苦しんだが、この期間に自分自身と向き合い、原点に立ち返ったことを明かした。最後に、「人生は続く。共に生きよう（Life goes on. Let's live on）」と伝え、不安を抱える世界中の人々に希望と立ち直る力を失わないよう呼び掛けた（*Billboard JAPAN* 2020年9月24日）。

　さらに2021年9月には、第76回国連総会の特別イベント「持続可能な開発目標（SDGs）モーメント」に特別使節として出席した。新型コロナウイルスによって不自由な生活を強いられている若い世代に向けて、「彼らはロストジェネレーションではなく、新たな挑戦をしているウェルカムジェネレーションだ」「予想外の状況でも可能性と希望を信じれば、道を見失うことなく、新

たな道を発見できる」と励ましのメッセージを送った（関根 2021年9月22日）。国際社会においても彼らの影響力は注目を集めており、若者のリーダーとして世界を励まし、癒しを与える存在となっている。

BTSのスタンスと活躍は、マイノリティに対する社会の見方を変える可能性を秘める。2013年、まだ新人だったRMはTwitterで、ヒップホップデュオ、マックルモア＆ライアン・ルイスの「Same Love」について、「同性愛に関する歌。歌詞を読んで聴くと2倍いい歌」と称賛した。また、ビルボード誌のインタビューでも、クィアに対して「愛はすべて同じ」と述べ、SUGAは「何も間違っていない。誰もが平等だ」と語った。自らのアイデンティティをオープンに語ることができず、苦しんできたLGBTQにとって、BTSのメッセージは大きな力を与えるものだった。彼らのメッセージに勇気づけられたLGBTQのARMYが「セルカデー（自撮りをする日）」を設けて自分の写真をSNSに載せ、自身のアイデンティティを一斉に明かしたこともある（イ 2021, pp.93-94）。

このようにBTSがポリティカル・コレクトネスを実践し、あらゆるバックグラウンドやアイデンティティを持つ人々に勇気を与えている一方で、歴史修正主義や女性嫌悪（ミソジニー）に傾倒し、社会の流れに反発する人々もいる。

---

1 クィア（Queer）とは、LGBT のカテゴリーに当てはまらない性的指向や性自認が非典型的な人々全体を指すが、性的マイノリティの総称として用いられることもある。

2018年にBTSが原爆Tシャツ騒動で炎上した時に、彼らを反日グループと規定し、テレビ局や番組スポンサーへの抗議活動を主導したのは、歴史修正主義者や排外主義者たちだった。そもそもこのTシャツは、日本による植民地支配から解放された「光復節」[2]をテーマに制作されたもので、原爆投下への認識は日韓に根本的なズレがあった。1945年を「解放の年」と記憶する韓国にとって、原爆投下は植民地支配の始まりから解放までの歴史全体の中で捉えられるもので、日本のように原爆とその被害について、個別的に理解を深める教育は行われていない。原爆という一部だけを取り上げてBTSを批判することは、日本が原爆を投下されるまでの加害の歴史から目を背けていることになる。

　また、歴史修正主義者や排外主義者がBTSを集中的に攻撃した背景には、韓国を叩くためなら手段を選ばない嫌韓感情が根底にあったからであると思われる。従軍慰安婦を始めとした日韓の歴史認識問題は、現在もその存在や強制性、合法性などをめぐって調査・裁判が行われている。歴史修正主義者は、自らにとって都合の悪い歴史的事実を否定したり、その解釈を捻じ曲げて、日本の過去史への反省を求める側を攻撃したりする。例えば日本では、従軍慰安婦の存在や強制労働の歴史を否定する発言が見られる。在日コリアンへのヘイトスピーチもしばしば問題化する。こうした一部の韓国に対する強烈な嫌悪がすでに国内にあったがゆ

　2　「光復節」とは、韓国が日本の統治から解放され独立した1945年8月15日を記念する祝日である。「光復」には、失われた光（国権）を取り戻すという意味がある。

えに、騒動が大きくなったと考えられる。

　BTSはこの騒動をきっかけに「反日」「愛国」というフレームに当てはめられ、ファンの間で対立と分裂が生じた。このような状況下でBTSと所属事務所は謝罪文を発表した。「原爆投下により被害に遭われた方を傷つける意図は一切なく、衣装自体が原爆被害者の方を傷つける目的で制作されたものではないことが確認された」と説明し、「原爆被害者の方を意図せずとも傷つけ得ることになった点はもちろん、原爆のイメージを連想させる当社アーティストの姿によって不快な思いを感じ得た点について心よりお詫びする」と謝罪した。そして、「戦争および原爆等を支持せず、これに反対」すると同時に、「すべての全体主義、極端な政治的傾向を帯びたすべての団体および組織を支持せず、これに反対」する立場を明らかにした（BTS公式ウェブサイト 2018年11月14日）。

　つまり、極端な政治的傾向や偏見による「反日」のレッテルに対抗し、原爆被害者や原爆のイメージで傷ついたすべての人に謝罪することで、原爆Tシャツ騒動のすべてを肯定しようとする「愛国」のフレームも拒否したのだ。全世界の人々に癒しと感動を届ける存在であり続けるためには、一つひとつの問題に誠実に対応し、立場を明確にすることが必要である。

　また、韓国では男女間の対立や分断が激しくなっており、特に若年層男性を中心に女性嫌悪が拡大している。ジェンダー平等を掲げた政策や、男性のみに課される徴兵制に対する不公平感が主な原因とされる。

　一方で、女性も韓国社会における地位向上や権利を求めて、長

年にわたってフェミニズム運動を展開してきた。そして、2015年に流行した感染症「MERS」（マーズ、中東呼吸器症候群）の展開過程や、2016年の「江南駅殺人事件」を契機に、一般女性の間でもフェミニズムが意識されるようになり、積極的に声を上げ始める人々が現れた。その後、韓国で130万部を超えるベストセラーとなった『82年生まれ、キム・ジヨン』が出版され、この小説では同書をめぐって熱い論争が繰り広げられていた。この小説は韓国人主婦の半生を通じて、韓国の女性なら誰もが経験するような男女の不平等や苦悩を描いた作品で、BTSのRMも読んだと明かしており、「示唆するところが格別で印象深かった」という感想を残している。このような一連の出来事が下地となり、アメリカなどで拡大した#MeToo運動が2018年から韓国でも本格的に始まった。#MeToo運動とは、セクシュアルハラスメントや性暴力の被害体験を「#MeToo（私も）」をつけてSNSに投稿する運動である。この運動はあっという間に韓国の政界や演劇界、文学界に広がり、実刑判決を受けて失脚する政治家や、告発を受けて自死に至る人も現れた。

　BTSも世界から注目を浴び始めた頃、過去に発表した楽曲の歌詞に女性嫌悪的な表現があると指摘されたことがある。問題視されたのは、2014年に発売された「ホルモン戦争」や「Can You Turn Off Your Phone」などの5曲で、女性を商品のように扱っている点が問題になった。後にBTSと所属事務所は、創作意図とは異なり女性を侮辱していると誤解される可能性があり、多くの人に不快な思いをさせたことを謝罪した。

　作詞作曲に参加していたRMは、女性嫌悪に関する指摘を受け

てから歌詞について女性学の教授に教えを請い、関連書籍を読むなどして常に学ぶ姿勢を見せている。2021年に出演した米放送局ABCの報道番組「Good Morning America」では、「2015年と2016年にミソジニーに関する指摘を受け、女性学の教授に学んだりしながら自らを振り返って、ジェンダーの役割や性平等問題に無関心だったのではないかと深く考えた。自分のできる範囲でこうした問題に関心を持ち、勉強しながら、（問題解決へ）寄り添っていける姿を見せたい」と語っている（菅野 2022年1月20日）。

　今やグローバルな人気を得たBTSは、多様性と包容の時代を生きており、考慮しなければならない要素も増え、活動に際しては細部にまで注意を払い、提起される問題の一つひとつに最善の努力を尽くす姿勢が求められている。社会の中ではバックラッシュも起きているが、BTSは常に自分たちの信念を貫き、ポジティブなメッセージを発信してきた。また過去には失敗もあったが深く反省し、改善に向けて努力を重ねる姿を見せてきたからこそ、彼らの言葉は本物のメッセージとして多くの人々に共感と感動を与えている。国連で演説する機会を与えられたのも、彼らの言動が一貫しており、常にポリティカル・コレクトネスを実践し続けてきたからである。自らの方向性と立場を明確にしてきたBTSは今後もポリティカル・コレクトネスを実践するため、成功と失敗を繰り返しながら成長していくだろう。そしてファンも自分自身と向き合い、すべての人にとって多様性と包容力に満ちた世界を実現するためにBTSと共に学びながら成長していくだろう。

肯定のメビウスの帯、「善なる影響力」

　BTSが体現するソフトパワーは、従来とは異なる視点で見る必要がある。初めてソフトパワーを概念化したアメリカのジョセフ・ナイ教授は、物理的に表現される力であるハードパワーと対比する考え方としてソフトパワー[3]を主張した（ナイ 2004）。アメリカや中国などの強大国では、ソフトパワーは国家権力や政治勢力が目的達成の手段として利用されているが、BTSのソフトパワーにそうした政治的意図は込められていない。彼らはただ人々のために、世界のために純粋な気持ちで歌うだけである。彼らは歌詞で相手を説得する力がある。BTSの歌詞は非常に素直であり、多くの人々の共感を呼び起こす普遍性を持っている。彼らの人間的魅力ゆえに、その善なる影響力も世の中に広がっていくのである。

　BTSはARMYと自分たちの関係を「シナジーを高める統合と上昇の関係」と表現した。彼らの関係は水平的である。まるで家族や友人のように、互いに同等な立場で真正性を持って日常を分かち合っている印象が強い。もちろん、従来のアーティストもファンに感謝と愛を表現してきたが、あくまで垂直的関係を基盤にしたビジネス的ファンサービスにとどまってきた。だからこそ、BTSとARMYの水平的な関係は「共感して分かち合い、感謝の気持ちを表現する」現代のファンダム文化の形態としては理想的

3　ソフトパワーとは、国家が軍事力や経済力などの対外的な強制力によらず、その国の有する文化や政治的価値観、政策の魅力などに対する支持や共感を得ることにより、国際社会から信頼を得る力を指す。

と評価される。

　BTSの社会的地位と一貫した言動のおかげで、彼らの名前には「善なる影響力」という言葉がついてまわる。ここで重要なのは「善なる」という修飾語である。BTSの歌と言動が世界に拡散した結果、彼らに触発されたファンが新たな影響力を世界に発揮する。つまり、アーティストから始まった善なる影響力がファン活動の大きな原動力となり、ARMYの行動に感銘を受けたBTSが再び善なる影響力を世界に行使するのである。

　BTS関連の数多くのコンテンツと彼ら自身への高い好感度は、BTS自体の魅力とともにファンダムの規模が拡大したことで可能になった。相互的なウィンウィンの関係と言える。BTSは応援を惜しまない世界中のファンに忘れ難い思い出と共感を与え、ファンダムは様々な方法で彼らへの愛情を表出し、BTSはそれに感謝の気持ちで応えることで肯定のメビウスの帯が続いている。

　ファンはBTSを愛する心を「支持と連帯」の方式で表す。アメリカのARMYは応答しないラジオ局に絶えず歌をリクエストし、高価なアルバムの購入もいとわなかった。こうして、BTSのビルボードチャート1位の叙事が作られた。これらすべての過程を「BTSを愛しているからだ」という理由だけで説明することはできない。ARMYのポリティカル・コレクトネスに対する確固たる基準と信念、強い責任感、価値消費傾向が加わり、動力が倍加したのである。彼らにとって「善良なこと、正しいこと」は、寄付活動やボランティアに限定されない。真実性のある歌詞と希望を与えるBTSの歌を聞いて共有すること、BTS（アジア人）を消そうとする既得権益層に投票とストリーミングで対抗し、BTS

BTSが掲載した人種差別反対の書き込み。「私たちは人種差別に反対します。私たちは暴力に反対します。私、あなた、私たちは皆、尊重される権利があります。私たちは共に闘います」。BTS公式Twitter「@BTS_twt」より（2020年6月4日）。

を可視化することも含み、意味を持つ（崔2021年3月19日）。

　BTSは自分たちが少数派の希望になりたいと考え、社会的責任を果たすために先頭に立った。ホールジー、ラウヴ、トロイ・シヴァンなど多様性の価値を語る進歩的なアーティストとのコラボを通じて発信される希望のメッセージは、多くの人々に力を与えた。BTSは音楽や寄付活動、SNSなどを通じて人権と平等に対して声を上げてきたが、これは自分たちの立場と役割をよく把握していたからこそ可能なことであった。

　2020年5月、アメリカで白人警官の暴力的な拘束行為により命を落とした黒人男性ジョージ・フロイドに哀悼の意を表すため、全米に人種差別抗議運動が広がった。SNSでは「BLM：Black Lives Matter」（黒人の命は大切だ）のハッシュタグを通じて多くの人々が被害者の死を追悼し、人種差別に反対する意思を示した。こうした動きに対して、BTSは公式Twitterに「あなたも私も皆、尊重される権利がある」という投稿とともに連帯

を表明した。さらに関連団体に100万ドルを寄付し、彼らの行動に影響された世界中のARMYは、彼らと同額の寄付金を募る「#MatchAMillion」キャンペーンを開始した。開始後約1日で100万ドルの募金を達成し、BTSの善なる影響力を立証した。

　BTSは深刻な環境問題にも声を上げた。韓国自動車メーカーのヒョンデ（HYUNDAI）はBTSと共に「Because of you」というスローガンのもと、未来のクリーンエネルギーである水素の持続可能性を伝える「グローバル水素キャンペーン」を行った。環境の日を迎えて公開されたドキュメンタリーでは「For tomorrow, We won't wait」という主題で、環境を救う英雄は「私たち」であることを強調し、変化を待たずに地球を守ろうとする実践と努力が重要であるというメッセージを伝えた。BTSが自らの影響力を活かして環境保護を訴えたおかげで、多くの国内外ファンが気候変動問題に関心を持ち、さらに彼らのSDGs活動にも注目するようになった。

　日頃から定期的な寄付活動と善行で真のアーティストの姿を見せてきたBTSの一貫した歩みは、国内外ファンの手本となった。ARMYはBTSの言行一致を見習い、「共に生きる社会」の実現に向けて、国境を越えて人々が手を取り合う雰囲気を生み出した。BTSとARMYによる善なる影響力は国境と人種を越え、世界に広がっている。

　ARMYの寄付リレーは2017年から本格化した。当時、所属事務所は歌手へのサポート活動を禁止した。これに対しファンは応援方法を転換し、寄付を用いるようになった。動物保護に関心を持つJINのファンは動物保護に関わる寄付を、環境に関心を持

つRMのファンは環境保護に関わる寄付を主に行うなど、各メンバーの関心事に合わせて寄付するのが特徴である。

　BTSと彼らに感化されたファンダムが寄付リレーに参加し、社会を肯定的な方向に少しずつ変化させている。また、世界的に行われているARMYの慈善活動は、単発でなく長期的、持続的であることから、特別であるとの評価を受けている。

　それだけでなく、2020年にBTSはロンドンを皮切りに、ベルリン、ブエノスアイレス、ソウル、ニューヨークの4大陸5都市で多様性と共存の価値を盛り込んだ現代美術展示プロジェクト「CONNECT BTS」を展開した。これまでBTSは歌詞やキャンペーンを通じて多様性の尊重と和解のメッセージを伝えてきた。この展示ではBTSとARMYが作ってきた哲学と価値観の「解題」に重点を置き、現代社会の重要課題である環境、ジェンダー、人種問題を扱った。

　彼らは差別に愛で立ち向かった。ラジオ局を始め、アメリカ音楽産業の冷遇と不利な状況にもかかわらず、BTSはコロナ禍の渦中に小さな慰めになりたいと、ダンス曲「Dynamite」を発表した。ARMYは同作をビルボードチャート1位獲得に導き、また2020年にアメリカでもっとも多く販売された曲にし、精一杯愛することがどれほど強くて美しい威力を発揮するのかを見せてくれた（崔 2021年3月19日）。

　BTSがK-POPの歴史をどのように変えているかは、数値がもっともよく示している。すでにBTSの7人の存在は、K-POPを超えて、世界の大衆音楽の現在であり未来になった。また、BTSは数値だけで換算できる現象ではなく、社会と文化を大きく動か

BTSは2021年9月、特別使節の資格で国連総会に出席した。BTS公式Twitter「@bts_bighit」より（2021年9月20日）。

す存在になったのである。

　2021年、BTSが韓国アーティストの中で初の大統領特使に任命されたことは、彼らが今、世界にどのような影響を及ぼしているかをはっきり示した事例と言える。すでに2018年と20年の2度にわたって、国連総会の特別講演者の資格で「自分を愛そう」「連帯で新しい世の中を生きていこう」というメッセージを伝えたBTSは、特別使節として国連総会など主要国際会議に出席し、世界に向けて慰めと希望のメッセージを伝えた。

　このようにBTSは、大衆音楽産業の枠をはるかに超えて、国際社会においても善なる影響力を発揮している。彼らが世界的なアーティストになることができたのは、音楽性だけなく、大衆の

前に立つアイドルにとってはタブー視される論争的テーマに果敢にアプローチし、BTSの音楽を聞く人々にインスピレーションを与えたためである。疎通と共感、平和と連帯、愛と尊重を世界中の人々に伝えるBTSの影響力は多くの善なる結果をもたらし、彼らが音楽界で活動し続ける限り、その善なる影響力は続くだろう。

自己肯定で人々を癒す現代の救世主？

　これまでBTSが世界中から支持を集めた理由と善なる影響力を発揮した事例を見てきたが、BTSは何を正義と捉えて活動し、いかなる社会を希求しているのだろうか。そして、ソフトパワーの代表であるBTSは、社会においていかなる役割を果たすのだろうか。

　「世界にポジティブな影響を与えたい」（Chakraborty 2020年11月17日）。これは、RMがインタビューで語ったBTSの追求する姿勢である。BTSは、デビュー当時からLGBTQの権利やメンタルヘルス、成功へのプレッシャーなど、韓国でタブー視され、韓国アイドルがこれまで深く言及してこなかった話題についてたびたび語っている。ヒップホップ・アーティストの中には、議論を喚起するような話題を提示する人やグループもいるが、芸能界の歴史を振り返れば、多くのアイドルは、無害を証明すべく「王道」のノンポリ発言に終始するのが常である。ポップ・ミュージッ

4　ノンポリとは「nonpolitical」の略で、政治に無関心であることや政治的活動を行わないことを指す。

ク界が物議を醸すテーマや内容を扱わないように韓国政府が監視してきた歴史がある中で、彼らの歌や発言は非常に大胆でメッセージ性の強いものだった（金 2018年5月31日）。

　今日の世界を支配する新自由主義体制は、あらゆる場面で競争を強要し、人々のメンタルヘルスに悪影響を及ぼしている。この体制の中では絶対多数が敗者となり、「社会構造による不幸」を「個人の失敗」が原因であるかのように巧みに見せかける。そのため、大多数の敗者が自己嫌悪に陥る可能性が高く、様々な悲劇が起きる土壌を形成している。自己嫌悪を逃れるために、罪のない他者を憎む人もいれば、心を病んで加害者であると同時に被害者になる人もいるかもしれない。人の成長過程は傷や痛みを伴うが、新自由主義によってさらに自己嫌悪が高まり、自分を傷つけてしまう人が増えるだろう。

　韓国において、新自由主義体制の最大の被害者である若者は「N放世代」というレッテルを貼られ、ともすれば彼らが失敗するのは、努力と意志が足りないからだと誤解を受けかねない状況があった。「N放」の放は放棄の放で、N放世代とは、厳しい経済状況によって、恋愛、結婚、出産などをあきらめる若者たちを指す造語である（金 2020, pp.167-187）。

　BTSはこのような現代社会に問題を提起し、普遍的メッセージを発信する。BTSメンバーも競争にさらされてきた一人であり、複数のメンバーがうつ病を患ったこともある。また、自身の経験だけでなく、ホームレスとの交流も、彼らの方向性を決定づけるのに大きな影響を与えた。2014年の「防弾少年団のアメリカンハッスルライフ」という番組で、彼らはロサンゼルスのスラム街

に出向き、ライブの運営資金獲得という目的で稼いだアルバイト代で食料を購入し、ホームレスに配る活動をした。スラム街に行く前は、苦労して稼いだお金をなぜホームレスのために使うのか、疑問を抱いたメンバーもいた。しかし、現地チューターから社会還元の意味を学び、ホームレスから温かい助言を受けたことで、それが彼らにとって忘れられない出来事となった。「自分を見失わないように自信を持って生きる」「落ちるのはあっという間で、誰にでも起こりうること。だからこそ、自分たちがどこから来たのか。そのルーツを忘れてはいけない」（平松 2020年8月21日）。ホームレスから受けた人生の教訓は、今も彼らの中で生き続けている。

　BTSにとっての正義は、「自分を愛し、声を上げること」（Love Yourself, Speak Yourself）である。「LOVE YOURSELF」シリーズや国連総会でのスピーチ、コンサートを通じて、何度もそのメッセージを伝えてきた。「LOVE YOURSELF：SPEAK YOURSELF」ワールドツアーの最終公演で、RMがこんな言葉を残している。

　「『LOVE YOURSELF』のコンセプトはここで終わるが、僕たちが僕たちを愛する方法、その道を見つける道のりは終わっていない。これからも僕たちの一言、歌詞の一行でも、皆さんが皆さんを愛することに役立ってほしい。」（KBSWORLD 2019年10月30日）

　BTSにとって「自分自身を愛すること」は人生の目標であり、その方法や手段を見つけることは永遠の課題であると言える。
　BTSは自分たちが生きる社会の状況に目を向け、青春の夢や

挫折、希望、不安、寂しさなど多くの人が経験することをテーマにし、自身の経験をも踏まえて歌にしてきた。傷つきながらも成長していくBTSの物語に、幅広い世代の人々が自身の姿を重ね、彼らのメッセージに救われている。「公正な世の中で暮らしたい」「より良い世の中にするため、できることをしたい」（*Billboard JAPAN* 2020年10月6日）。それが、BTSが行動する理由であり、希求する理想の社会である。

　ポリティカル・コレクトネスに基づくBTSのメッセージは、彼らの音楽活動やSNSなどを通じて世界中に広まり、そのメッセージに共感した人々が共同体（ファンダム）を作り上げ、BTSと共に世の中の不平等や偏見、差別と闘ってきた。「自分を愛し、声を上げること」を訴え、すべての人が自分らしく生きることができる社会の実現を求めるBTSは今後も世界に善なる影響力を発揮し、人々の心だけでなく社会も大きく動かす存在となるだろう。ソロ活動を本格化させたBTSがグループとして再び集まった時、どのような影響を世界にもたらすのか待ち遠しい。BTSの第2章は始まったばかりである。

◖参考文献──────────────────────────

　イジヘン『BTSとARMYわたしたちは連帯する』イースト・プレス、
　　　2021年
　カンジュンスウ「ソフトパワーからみた韓流としてのBTSの考察」『イ
　　　ベントコンベンション研究』第15巻3号（2019年）
　金ジェハ「BTSが世界で成功を収めた理由──K-Popのルールや価値

観を覆したBTSの軌跡」、*Rolling Stone Japan*（2018年5月31日）、https://rollingstonejapan.com/articles/detail/28460（検索日：2022年5月25日）

金ヨンデ著、桑畑優香訳『BTSを読む──なぜ世界を夢中にさせるのか』柏書房、2020年

金ボンソク「世界は今朝鮮の歴史に注目する」『ネイバーポスト』（2022年5月2日）、https://post.naver.com/viewer/postView.naver?volumeNo=33698545&memberNo=1452312&vType=VERTICAL（検索日：2022年5月18日）

崔イサク「BTSは経済ではなく価値だ」『ネイバーポスト』（2021年3月19日）、https://post.naver.com/viewer/postView.naver?volumeNo=30946473&memberNo=38400997&vType=VERTICAL（検索日：2022年5月21日）

崔サンギョン「『パラサイト』『ミナリ』相次ぐ成功…『韓国の叙事』に熱狂する理由」『グッドニュース』（2021年4月1日）、https://www.goodnews1.com/news/articleView.html?idxno=110964（検索日：2022年5月15日）

関根和弘「BTSが国連で演説『若者はロスジェネでなく、ウェルカムジェネレーション』」『朝日新聞』GLOBE＋（2021年9月22日）、https://globe.asahi.com/article/14445810（検索日：2022年5月25日）

「BTS人気で韓国の経済効果5千億円」『産経フォト』（2019年1月4日）、https://www.sankei.com/photo/daily/news/190104/dly1901040007-n1.html（検索日：2022年5月20日）

菅野朋子「『秋元康氏が女性を商品のように扱っている』BTSとのコラボに猛反対、発表3日後には白紙に…韓国エンタメはなぜ変化し続けるのか」文春オンライン（2022年1月20日）、https://bunshun.jp/articles/-/51280（検索日：2022年5月25日）

平松道子「なぜBTSは寄付や啓蒙活動に注力するのか？原体験は『ホームレスの言葉』」『現代ビジネス』（2020年8月21日）、https://

gendai.ismedia.jp/articles/-/74928?imp=0（検索日：2022年5月25日）

「最近、BTSに提起された問題に対するBig Hit Entertainmentの立場」BTS公式ウェブサイト（2018年11月14日）、https://bts-official.jp/news/detail.php?nid=w4TvHt2q1gc=（検索日：2022年7月4日）

「BTS、BLM運動に約1億円を寄付した理由を語る『偏見は許容されるべきではない』」、*Billboard JAPAN*（2020年10月6日）、https://www.billboard-japan.com/d_news/detail/92931/2（検索日：2022年5月25日）

「BTS、国連総会でスピーチ『人生は続く。一緒に生きていこう』」、*Billboard JAPAN*（2021年9月24日）、https://www.billboard-japan.com/d_news/detail/92523/2（検索日：2022年5月25日）

「防弾少年団、ワールドツアーを美しく締めくくる、"まだ僕たちの『LOVE YOURSELF』は終わらない"、*KBS WORLD*（2019年10月30日）、https://kbsworld.ne.jp/entertainment/view?blcSn=52612&rowNum=3（検索日：2022年5月25日）

ジョセフ・S・ナイ、山岡洋一 訳『ソフトパワー：21世紀国際政治を制する見えざる力』日本経済新聞社、2004年

Riddhi Chakraborty「BTS独占ロングインタビュー完全翻訳『世界にポジティブな影響を与えたい』」、*Rolling Stone Japan*（2020年11月17日）、https://rollingstonejapan.com/articles/detail/34925（検索日：2022年2月19日）

「世界中の若者たちへBTS防弾少年団が国連総会で行ったスピーチ #GenerationUnlimited（無限の可能性を秘めた世代）」、UNICEF（2018年9月24日）、https://www.unicef.or.jp/news/2018/0160.html（検索日：2022年5月25日）

第 **8** 章

「共に生きていこう」

アクティビズムに溢れる
ARMY の新世界

近藤碧・眞名子優斗

アメリカ音楽業界においてもっとも権威の高い賞であるグラミー賞へのノミネートや、ビルボード・ミュージック・アワード（BBMAs）における2017年以降5年連続トップ・ソーシャル・アーティスト賞受賞、米ビルボードのメインシングルチャートHOT100で通算9回、1位を獲得するなど、アメリカを始め全世界で絶大な人気を誇る韓国の7人組男性アイドルグループ「BTS」。彼らがこれほどまでに歴史に名を刻み、偉業を重ねることができたのはなぜか？　その解を導くキーワードとして本章では、彼らのファンダムであるARMY（Adorable Representative M.C. for Youth：若者を代表する魅力的な進行役）に注目する。BTSの快進撃を支えてきた「ARMY」とは、いかなる共同体なのだろうか。

人の心と社会と共生する「ファンダム」とは

　ファンダムという言葉が最初に広まったのは19世紀末であり、ラジオや映画館、新聞記事など近代のメディアを通して大衆に浸透した音楽や映画、大衆小説などの分野で用いられた。ファンダムという言葉は、熱心な愛好家を示す「fan」に領地や管轄、状態、集団などを意味する接尾語「dom」を加えた単語で、ポップ・カルチャーやスポーツなどの様々な分野（特定のコンテンツ）における熱狂的なファンによって作られる世界や文化を示す。つまり、ファンダムとは「人」を表すだけではなく、ファンの

1　ビルボードの HOT 100（シングルチャート）の順位は、セールス（売上）とエアプレイ（オンエア＝放送）に基づき毎週火曜日に更新される。

「行動」も含まれた言葉である（菅原 2020 年 1 月 28 日）。

　ファンダムのもっとも重要な要素は、ファン同士の対話であるが、2000 年代後半からインターネットが普及すると、以前よりもファン同士の結びつきは強くなった。教会や近所付き合いといった伝統的なコミュニティの結束が弱まる半面、インターネットの普及は、ネット上でグローバルに広がるファンと出会うことを可能にした。ファンダムは基本的に任意の集まりであり、学校やその延長線上の仲間内よりは離脱が容易である。特に、ウェブ上に形成されるファンダムは、匿名での参加も可能で、離脱も容易になっている。もちろん、人間関係をめぐる生きづらさの解決にはならないが、普段の人間関係につきまとう緊張感や不安から解放される居場所として、大きな恩恵をもたらしているのである（平井 2014 年 3 月）。

　また、インターネットの普及は、ファン同士のつながりを深めるだけでなく、Facebook や Instagram、Twitter などの SNS を通じて、企業や組織に大きな影響力を与えるようになった。SNS を活用したウェブ上のコミュニティや Wikipedia などのサイトを活用し、ファンは新たなコンテンツを作ったり広めたりするところへ能動的に参加するようになった（砂川 2010 年 12 月）。メディア研究者のヘンリー・ジェンキンズはこれを「参加型文化」と称し、インターネットが普及した「参加型文化」が根強い現代において、ファンダムは無視できない存在へと変化しているのである（フラード＝ブラナー／グレイザー 2017）。

自主と連帯によって生まれた K-POP の熱い世界

　世界中に存在する様々な分野のファンダムの中で、もっとも活動的なのが K-POP のファンダムである。ARMY を分析するうえでも、K-POP ファンダムの理解が前提となるため、まずは K-POP ファンダムの特徴から見ていく。韓国大衆文化研究者の金成玟〔キム・ソンミン〕によると、そもそも K-POP に明確な定義はなく、音楽・産業・社会の3つの次元から、様々な観点が存在する（金 2018, pp.v-vii）。

　音楽的側面から定義した K-POP は、日本国内のポピュラー音楽に「J-POP」という言葉が使われ始めたことを受け、日本国内で韓国のポピュラー音楽を指す用語として使われるようになったが、2000年以降世界市場を狙い始めた K-POP は「韓国らしさ」を避けるようになった。中心的存在となる BoA を始め、東方神起、BIG BANG、少女時代、BLACKPINK、EXO、TWICE、BTS のようなアイドルである。

　彼らを支えるファンダムの特徴は、自主性と連帯性だ。自主性については、ファンダム発のカルチャーを見るとよく理解できる。例えば、韓国の街中には駅やバス停、商業施設と至る所にアーティストの誕生日やデビュー記念日を祝う「広告看板」が存在する。注目すべき点は、これらが所属事務所によって公式に設けられているわけではないということだ。広告費の資金源は一個人や私営ファンクラブ、また SNS で有志の集金を広く呼びかけられたりするものと様々で、出資から広告デザインの作成、代理店とのコンタクト、広告掲載情報の拡散などの工程がファンによって自主的に行なわれている（菅原 2020年1月28日）。

　また、K-POP ファンダムによる二次創作にも自主性の発露が

見られる。二次創作の一例が、「リアクション動画」だ。ファン
は、新曲のミュージック・ビデオ（MV）を初視聴している自分
自身のリアクションの様子などを撮影し、インターネット上に公
開する。それを見た別のファンは、画面の中の見知らぬ人が嬉々
として映像に反応しているのを見て、自分自身が同じ作品を初視
聴したときの感動が甦るとともに、大きな共感が生まれるのであ
る。二次創作の他の事例として、カバーダンスやパロディMVの
製作も挙げられる。

　ファンとメディアがつくる参加型文化を提唱したことで有名な
前述のジェンキンズによれば、ファンとは「ある特定のテレビ番
組の習慣的な視聴者ではなく、視聴から何らかのタイプの文化的
活動へ移る人々」である（Jenkins 1992, pp.277-283）。何らかのタイ
プの文化的活動の具体例として、感想や考えを友達と共有したり、
共通の関心を持つファンコミュニティに参加したりすることが挙
げられる。MVをただ視聴するだけでなく、そこから新たなもの
を創り、共有するK-POPファンダムの行動は、単なる消費者を
超えた「ファン」としてのあり方を体現している。

　このような能動的な行動を触発していると思われるのが、ファ
ン同士の連帯意識である。連帯意識が生まれた背景には、韓国の
音楽番組をめぐる事情が存在する。韓国では、放送各社が火曜か
ら日曜まで、分散した形で音楽番組を放映しており、番組ごとに
異なる集計方法で選出した週間チャートを発表する。出演者が1
位を獲得すると、その場で受賞スピーチとアンコールタイムが設
けられるのが通例だ。ネット上では「推し」により高い順位をも
たらすべく、ファンダムは連帯し、熱心に活動する。ファンた

ちは特定の時間帯で集中的に新曲をストリーミングする（「総攻撃」と呼ばれる行為）など、効率的な戦略を立てて組織的に行動する（菅原2020年1月28日）。

　さらに、アーティストによる呼びかけも連帯意識を高める大きな要因である。K-POPにおけるファンダムは、グループごとに名前がつけられている（例：BTSのファンダム名はARMY、TWICEのファンダム名はONCE等）。K-POPアイドルは、様々な局面で自身のファンダムの名称を頻繁に用いてファンに呼びかける。これにより、ファンはファンダムへの帰属意識を感じるとともに、アーティストを含めた「私たち」という連帯意識が生まれ、組織的な行動をとるようになる。

　こうしたK-POPファンダムの特徴は、日本のアイドルのファンと比較するとさらに明確になる。日本のアイドルのファンは、自主性、連帯性とはまったく程遠い存在であるからだ。例えば、作詞家として有名な秋元康が総合プロデュースを務めるAKB48とその姉妹グループにおいては、むしろファン同士の対立構造が存在する。AKB48グループはメンバーが大人数で、世間への露出度がメンバーごとに大きく異なるため、ファン投票で選抜メンバーを決める「選抜総選挙」が実施され、それが重要な位置を占めている。「推し」のために投票するという構造は、K-POPファンダムと同様であるが、AKB48グループにおいては、同じグループのメンバーが競合相手となるため、ファンの間でもむしろ対立が生まれるのである。

　自主性についても、K-POPファンが自ら新たなものを創るなど、自発的に行動しているのに対し、AKB48グループのファンは受

動的な性格が濃い。公式に配信されたものを熱心に消費することが活動の主体を成す。日本では、アーティストの写真を勝手に撮って広告にするのが禁止されているなど、規制が厳しいことも、強力なファンダムが生まれにくい要因である（田中2021年3月24日）。

　ここまでに述べたK-POPファンダムの特徴は、もちろんARMYにも当てはまる。しかし、BTSがK-POPアイドルの枠を超え、独自のアイデンティティを持っているのと同様に、ARMYも他のK-POPファンダムと異なる特徴を持つ。今や世界最強のファンダムとなったARMYは、他のファンダムとどのような違いがあるのだろうか。

「サラダボウル集団」ARMYの構成

　他のファンダムと比較すると、ARMYの性格で特徴的なのは、ファンダムを構成する人々が多種多様であるということだ。実際、ARMYの中には一般的なK-POPファンとは縁遠く映る人も多数存在する。BTSはデビュー当時、他の男性K-POPグループと同様、若い女性が主たるファン層を成していた。しかし、ARMY拡散の過程で年齢、人種、性別の枠を超えて様々な人々が加わった。実際に、2019年の北米ツアーに参加したあるヒップホップ専門記者は「自分がこれまでにいったすべてのヒップホップのコンサートよりもBTSの公演に来た観客たちが多様性に満ちていた」という言葉を残している（イ2021, p.85）。

　興味深いのは、ARMY自らがこのように多様性に満ちた自分たちのアイデンティティを、センサス（国勢調査）を通じて把

握・分析していることだ。例えば、「BTS ARMY CENSUS」という ARMY 団体は、人口統計を通じて ARMY の国・地域の分布、年齢、ジェンダー、教育水準、雇用状況と分野などを調査することで、自分たちの多様性を確かめている。一般に、センサスとは、国家が政治・行政の前提となる国家の基本構造を把握すべく、一定の法的強制力をもって国民を対象に定期的に実施するものだが、国家でもない ARMY 自らが ARMY の人口調査を行うこと自体が極めて面白い。いずれにせよ、次頁の表とグラフは、2022 年に「BTS ARMY CENSUS」が発表したセンサス結果の一部である。この調査は 36 の言語を用いて 100 以上の国・地域の 562,280 人を対象に行われたという。

　ただし、同年の ARMY センサスの結果を見る限り、ARMY の国・地域別の構成において韓国（1.8%）や日本（1.1%）が想像以上に低い割合を占めていることがわかる[2]。この点について、「BTS ARMY CENSUS」もセンサス報告において、アンケート調査へのアクセスと回答率の限界などにより、この調査結果が ARMY のグローバルな分布を十分に反映していないことを認めている。にもかかわらず、以上のセンサス結果から、ARMY が

2　とりわけ日本は世界最大の「BTS 消費国」とも言われる。たとえば、2002 年度に BTS 音楽映像を YouTube で最も多く視聴した国は、9 億 6,800 万（968M）の再生回数を記録した日本である。日本に次いで、インド（813M）、メキシコ（675M）、アメリカ（535M）、インドネシア（495M）、ブラジル（386M）、フィリピン（371M）、韓国（361M）、タイ（287M）、ペルー（177M）が、「BTS 再生回数ランキング 10」に入った。https://www.youtube.com/watch?v=72Lu40NS-78&t=0s（検索日：2022 年 12 月 25 日）。

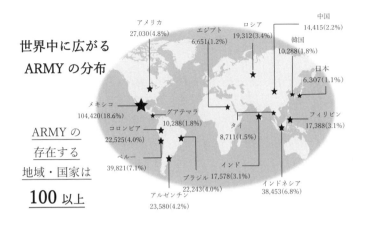

世界中に広がる
ARMY の分布

アメリカ
27,030(4.8%)

エジプト
6,651(1.2%)

ロシア
19,312(3.4%)

中国
14,415(2.2%)

韓国
10,288(1.8%)

日本
6,307(1.1%)

メキシコ
104,420(18.6%)

グアテマラ
10,288(1.8%)

コロンビア
22,525(4.0%)

タイ
8,711(1.5%)

フィリピン
17,388(3.1%)

ARMY の
存在する
地域・国家は
100 以上

ペルー
39,821(7.1%)

インド
17,578(3.1%)

インドネシア
38,453(6.8%)

ブラジル
22,243(4.0%)

アルゼンチン
23,580(4.2%)

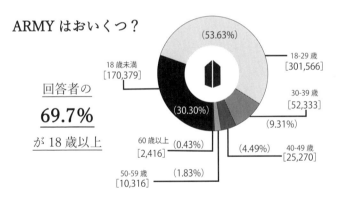

ARMY はおいくつ？

回答者の
69.7%
が 18 歳以上

(53.63%)

18 歳未満
[170,379]

18-29 歳
[301,566]

30-39 歳
[52,333]

(9.31%)

40-49 歳
[25,270]

(4.49%)

(30.30%)

60 歳以上 (0.43%)
[2,416]

50-59 歳
[10,316]

(1.83%)

何よりも多様性をもっとも重要な価値とする共同体を目指していることが読み取れる。では、このような多様性はいかにして発現したのか。ここで、一般的なK-POPファンと異なり、様々なコミュニティに属している人々が、それぞれなぜBTSに心を奪われ、ARMYとなったのかを考察する。

まず、ARMYのエスニックな構成に注目する。ARMYの中には、中国や日本などアジア系の人たちだけでなく、ラテン系やヒスパニック系、有色人種など社会的にマイノリティとみなされる人種に属する人が多い。彼らは、BTSが人種差別と闘う姿勢に心惹かれたのではないか。

　これまで、K-POP全般に人種差別が存在することが海外で問題化した事例は多々あった。マイノリティ・カルチャーの本質的な特性を理解しないまま利用するK-POPシーンに、海外ファンは怒りを覚える。例えば、抑圧された環境に対して声を上げるというヒップホップの精神は、K-POPシーンにあっては希薄になり、「ブレードヘア」のような黒人の外見的な特性のみが模倣され、高価な時計や車、女性との関わりをひけらかすという形に変質してしまった。あるK-POPグループのメンバーがファンを対象にしたライブ配信で、黒いリップクリームを塗ったメンバーを見て「クンタ・キンテみたい」[3]と笑ったシーンは、海外ファンの怒りを誘った（イ・桑畑 2021年6月8日）。実は、初期のBTSにも同じようなことがあった。RMがメディアで黒人英語を「個人技」と述べたことや、マイノリティ・カルチャーを理解しないまま黒人風のスタイルで他グループとの差別化を図ろうとしていたこともある。

　しかし、BTSが他のグループと違ったのは、海外で人種差別で

3　クンタ・キンテは、アフリカから奴隷としてアメリカに連れてこられた黒人たちの生活を描いた、アレックス・ヘイリーの小説『ルーツ』（1976年、原題は、*Roots: The Saga of an American Family*）の主人公。ルーツの語には「祖先」「精神的な故郷」の意味がある。

あるとして問題になった際に、批判に耳を傾け、同じ過ちを2度と繰り返さないよう努めた点だ。黒人を卑下する「Nワード」と似たような発音の韓国語の歌詞を、似たような発音の他の単語に修正したのが、代表的な例だ。また、2020年5月、アメリカで白人警官が黒人男性の首を膝で圧迫して殺害した事件が起きた際、BTSは人種差別根絶を呼びかけるメッセージをTwitterに投稿した。さらに、新型コロナウイルスの流行により、アジア人に対するヘイトクライムの広がりが深刻化した際には、BTSが人種差別に反対し暴力行為を非難する投稿をすると、その投稿は2021年に世界最多のリツイート（RT）数を獲得した。

　そして、少数派コミュニティに属する人々がBTSに熱狂するもう一つの理由として、BTS自身がアウトサイダーであり、マイノリティであった点がある。今でこそワールドスターの座を占めているBTSだが、デビュー当時は非常に苦しい道を歩んだ。所属事務所の規模が小さく、弱い立場からのスタートで、「CDの売り上げを水増ししている」「他のアーティストのコンセプトを盗作している」などのデマにも苦しんだ（イ 2021, p.22）。そんなどん底から這い上がってきたBTSの姿は、マイノリティに属する人々にとって大きな希望となったのだ。

　同様に、ARMYの構成員が多いマイノリティ集団の代表例がLGBTQである。LGBTQに属する多くの人々は、偏見を持たず、自らの考えを率直に述べるBTSに勇気づけられた。2013年、RMはTwitterでヒップホップデュオのマックルモアー＆ライアン・ルイスの「Same Love」について、「同性愛に関する歌。歌詞を読んで聴くと2倍いい歌」と称賛した。また、ビルボード誌のイン

タビューでRMが「愛はすべて同じ」、SUGAが「何も間違っていない。誰もが平等だ」とそれぞれ語った。このようなメッセージはLGBTQの人々の心に響き、BTSに勇気づけられたLGBTQのARMYが「セルカデー（自撮りをする日）」というものを設けたこともある（イ 2021, p.93）。この日にそれぞれが自分の写真をSNSに載せ、自らのアイデンティティを一斉に明かしたのだ。

また、ミドルエイジのファンが多いこともARMYの特徴の一つだ。現在、韓国のポータルサイトにBTS関連の記事が掲載された際、コメント欄に書き込みをする人々の中で、30代と40代の女性が占める割合がもっとも高いという興味深いデータがある（イ 2021, p.86）。より若いファンはポータルサイトではなく、他の媒体を利用することが多いため、この事象だけで「ARMYの主な年齢層がミドルエイジ」と容易に断言することはできないが、他のアイドルグループの記事にコメントを書き込む人のほとんどが10代と20代である点と比較すれば、ARMYにおいて30代以上のファンの割合が高いことは見て取れる。

彼女たちがBTSにはまったきっかけは様々であるが、共通しているのはBTSを知ってから心に変化が訪れたということだ。彼女たちは、若いBTSから生きる活力を得ている。BTSの音楽には「懐かしさ」を感じさせる曲が多く、歌を聞きながら自らの青春を思い出して涙するファンもいれば、まっすぐに生きるメンバーを見て、自分の子も正しく思いやりのある人に育ってほしいと願うファンもいる。BTSの若さと純粋さは、ミドルエイジの人々に、自分が子どもだった頃のノスタルジアを呼び起こし、ポジティブな力を与えているのだ。

最後に、知識階層に属するARMYについても少し触れておく。以前、Twitterで「大学の教授がいつもBTSの話をする。ARMYの90％は大学教授なのかもしれない」という投稿があった。これは大げさであるが、実際に大学教授や研究者にBTSのファンが多いのは事実である。BTSの世界観には専門性の高い言葉や俗語、各国の様々な文学作品をオマージュした部分がしばしば見られ、多くの研究者はこの点に関心を示している。また、BTSの魅力だけでなく、ファンダムであるARMYの連帯感、拡大力にも刺激された。実際、2020年1月にイギリスのキングストン大学で「BTS学会」が開催され、BTSは学術的な研究対象となった。世界20か国以上から集まった140人超の学者がBTSについて語り合ったという（守2021年3月8日）。

「BTS PERMISSION TO DANCE ON STAGE-LA」の様子。BTS公式Twitter「@bts_bighit」より（2021年11月30日）。©BIGHIT MUSIC/HYBE, All Rights Reserved.

ここまでARMYを形成する特徴的な層について述べてきたが、彼らを含むARMYの多くが抱く想いが、「BTS、そしてARMYがつらい時に寄り添ってくれる。癒しである」というものである。BTSの温かいメッセージはもちろん、ARMYの包容力に安心感を覚える。多種多様なARMYがいることは、自分を温かく迎えてくれる友達が、世界中に存在することを意味する。過去にはYouTubeで自殺をほのめかした少女に対し、大勢のARMYが説得し、自殺願望から救ったという出来事もあった。このような「自分は一人ではない」と思わせてくれる包容力も、多種多様なARMYが存在する大きな要因の一つと言える。

最強の「営業部隊」としてのARMY

　ここからは、世界中に存在するARMYがどのような活動を行っているのかという点に注目する。どのアーティストのファンダムも、多かれ少なかれ自分の推すアーティストをサポートする活動を行っている。しかし、ARMYのBTSに対する主体的なサポートは、他のファンダムの追随を許さない。今回は、ARMYが特に熱を入れているプロモーション活動に焦点を当てて、ARMYがいかに異色の存在であるかを見ていく。

　結論から言えば、ARMYは、最強のプロモーターであり、ARMYの活動がBTSを世界の舞台へ押し上げた。ARMYの行うプロモーション活動を一言で言えば、「草の根マーケティング」である。草の根マーケティングとは、個々のファンが1対1の広報を行い、ファンを増やしていくという方法だ（イ 2021, p.49）。デビュー当時、所属事務所が大手とは言えなかったBTSは、メ

ディアでの露出量を確保するうえで不利な立場にあり、資金力不足という点においても、海外活動のうえで制約として作用すると思われた。ARMYはこうした状況をよく理解しており、草の根マーケティングによって制約を乗り越えようとした。以下、ARMYが過去に展開したプロモーション活動の事例をいくつか紹介する。

　第1に挙げたいのは、ハッシュタグ投票である。BTSは2018年1月にアメリカのネットラジオ局「アイハート・ラジオ」が開催するアイハート・ラジオ・ミュージック・アワードでベスト・ボーイバンド賞とベストファンダム賞を獲得した（イ 2021, p.29）。受賞者を決める投票方法は、約2か月間Facebook、Twitter、InstagramなどのSNSに、候補の名前のハッシュタグをつけて投稿するか、同局のウェブサイトで投票するかの2種類だ。BTSがノミネートされると、ARMYは精力的にハッシュタグ投票を行った。1人最大50回という制限があり、多くのARMYは複数のアカウントを開設し、約2か月間、1日も欠かさず投票ルーティンを繰り返した。その結果、ARMYはそれぞれ1万票以上の票差で2つの賞を獲得した。ARMYの間ではジョークとして「投票地獄」という言葉が広まるほど、活動は厳しいものであったが、ARMYは「一度BTSの存在を目にすれば、誰しも魅了されるに違いない」という想いから熱心に投票した。

　K-POPにも以前から投票文化が存在し、その中でファンダム同士の熾烈な争いが繰り広げられてきたが、ARMYの投票活動にかける想いは他のファンダムと一線を画する。それゆえBTSは、ファン投票がカギを握る賞レースにおいて無敵の状態にある。

次にアメリカのラジオにおけるARMYの活動を見ていく。アメリカのラジオには今なお、外国語曲に高い参入障壁が存在する。一方、米ビルボードのメインチャートであるHOT100の順位を上げるには、ラジオ局のエアプレイ回数を増やす必要があり、ARMYは高い壁の克服に取り組んだ。

　こうした活動の核になったのは、アメリカの「BTS×50STATES」というBTSファンサイト連合である（イ 2021, p.68）。この団体の設立目的は、ラジオへのアピール、広告、プロジェクトを通してアメリカでBTSを知ってもらえるように働きかけることだ。なかでもラジオは、ビルボードの順位算定の重要な要素であり、一般大衆への宣伝効果も高いため、ARMYは特にここに注力した。各地のARMYは地元のラジオ局を詳しく調査し、ビルボードの順位算定に大きな影響力を持つ放送局を選んだうえで、局に電話をかけ、DJやスタッフと面談するといった活動を展開した。当初は、ほとんどの局に受け入れられなかったという。「うちの番組は"本物の曲"だけを流す」と蔑まれ、プロモーション用に送ったBTSのCDが一般家庭用のガレージセールで売りに出されたこともあった。こうした冷たい反応を受けながらも、BTS×50STATESは数年間、互いに励まし合いながら、ラジオ局の扉をたたき続けた。努力は徐々に実り、ラジオDJがBTSの曲に興味を示すようになった。さらに、ARMYの努力を数年間見守ってきた結果、自らARMYに加わるようになったDJもいたという。

　こうしてラジオでBTSの曲が徐々に流れるようになると、ARMYは次の行動に移った。車や学校でラジオから流れるBTSの曲に歓喜するARMYの姿を動画に収め、DJに送ったのだ。動

全米で組織的に BTS 広報
活動を展開する「BTS×
50STATES」の公式 Twitter
「@btsx50states」より（2022
年11月30日）。

画を受け取ったDJは、BTSの曲がリスナーに響いていることを
実感し、選曲することがさらに多くなった。また、ARMYは曲
を流したDJに謝意を伝えることも忘れなかった。一度でもBTS
の曲を流したDJには、メッセージカードとともに花束やスイー
ツなど御礼の品を必ず送った。世界中から送られてくる小包に
DJは驚き、実際に「長い間ラジオの仕事をしてきてたくさんの
アーティストのファンとの出会いがあったが、BTSファンのアー
ティストに対するサポートは、レベルが違う」と語る人もいた
（イ 2021, p.72）。

　アメリカARMYのラジオ戦略における長年の活動が報われ
た象徴的な場面は、2019年にBTSが『MAP OF THE SOUL：
PERSONA』をリリースした際にあった。このアルバム発売日に、
アメリカのラジオではタイトル曲「Boy With Luv（Feat. Halsey）」
が1日だけで850回も流れた（イ 2021, p.73）。この結果、全米で
もっとも保守的で攻略が難しいと言われるアメリカ・ビルボード
チャートの「Pop Songs Radio Airplay」で、一気に41位に入った。

さらに1か月後、実質的にアメリカ大衆の人気を決定づけるといわれるトップ20入りを果たした。BTSがアメリカ・ビルボードの常連となったのは、長年にわたるARMYの粘り強いプロモーション活動の結果であった。

　今やK-POPの伝統となった応援広告を見ても、ARMYの世界的影響力を実感させられる。メンバーの誕生日には、韓国国内の地下鉄構内やバスラッピングはもちろん、世界一広告料が高いと言われるニューヨーク・タイムズスクエアにも広告が出現する。2020年10月のJIMINの誕生日には、世界最大級のショッピングモール「ドバイモール」に誕生日広告が掲出された（酒井2021年1月9日）。このような広告は、提案したSNSユーザーがファンから資金を集めることで成功するものであり、ここまで大規模なイベントができるのは世界中に強力な仲間が存在するARMYだけである。

　ここまで述べた活動を担ってきたARMYは、並外れた時間と労力をBTSに投入してきた。ただ、世界中に散らばるARMYの誰もが、こうした活動をできるわけではない。金銭的に活動が厳しい人もいれば、学生で時間に制約のある人もいる。こうした中でも、彼らは自分にできることに取り組んだ。手製のBTSのアルバムのチラシを自分の学校の広報ボードやトイレのドアに貼り、曲の宣伝をした人もいた。さらに、チラシにはQRコードを付けて、見た人がリンクからBTSの音楽をすぐ聴けるようにするなどの工夫もした。彼らが普段の生活の随所で一般市民を対象に繰り広げた「生活広報」は、小規模ではあったが、ARMYの拡散に確実に影響を及ぼした。

このようなARMYによる自主的全方位マーケティングは、人々がBTSの情報を多く目にする「単純接触効果」を生み、新たなARMYを作り出した。最強の営業部隊・ARMYの草の根的活動は限りなく広がっていき、BTSをワールドスターの座にまで押し上げたのである。

Twitterを通した無限の語り合い

　世界中の人々と繋がり、コミュニケーションが取れるツールとして、ウェブ上には様々なソーシャル・メディアのプラットフォームが存在する。その中で、ARMYにとって主戦場、交流の場となっているのがTwitterだ。Twitterは、ユーザーが匿名で自分の興味に一致するアカウントをフォローすることでネットワークが生まれる、開放型ソーシャル・メディアである。そのため、BTSの宣伝に効果的であり、ARMYはTwitterで常にプロモーション活動を行っている。ARMYは少なくともTwitterでは世界最強のBTS「推し」軍団であり、営業部隊である（田中 2021, pp.110-113）。

　例えば、BTSのカムバック（新曲を出し活動を再開すること）が近づくとARMYはティーザー動画やアルバム情報などをツイートし、メディアやTwitterユーザーにアピールする。現代は、アーティストに関する情報がテレビや雑誌などのマスメディアよりもSNSではるかに早くシェアされる時代であるため、このようなファンによる宣伝は非常に有効だ。さらにARMYは、同じタグのついたツイートを集めることのできる「ハッシュタグ」機能を活用することで、ファンの間で情報共有や意見交換を行って

いる。

　Twitter上では、自分の地域で今一番ホットな話題が「トレンド」という形で順位づけされ、リアルタイムで表示される。そして、この「世界のトレンド」をチェックすれば、ARMYがいかにTwitterで活発に活動しているのかが一目瞭然にわかる。BTSに関連するハッシュタグは、ほぼ数日に一度、世界中のトレンド1位になり、BTSに関心がないユーザーでさえ、Twitterを開けば否応なく目に入ってくるほどだ（イ・桑畑2021年6月8日）。

　トレンド1位を可能にしているのは、巨額の広告費ではなく、大規模なファンダムと彼らの熱意である。ARMYは常にトレンド入りを目的に団結し、ハッシュタグをつけたツイートを続ける。他のファンダムでも新曲やメンバーの誕生日の際に、トレンド入りする事例は見られるが、日常的にトレンド入りを目指して活動するファンダムはARMY以外に見当たらない。

　また、ARMYはスレッド広報を用いることで、Twitterを教育の場としている。Twitterの投稿は140文字に制限されているため、気持ちのこもった長い記述をするのが難しい。その点、ツイートの下にスレッドを作成すれば、長文で説明することが可能となる。

　ARMYは、TwitterでBTSに関心を抱いた人に対し、スレッド機能を積極的に利用する。例えば、テレビやインターネット上でBTSを見て興味を持った人のツイートには、ほぼ100%の確率でBTSについて紹介するリプライ（返信）がつく。BTSの音楽をジャンルごとに分け、それぞれのミュージック・ビデオ（MV）に接続できるようURLを貼り、BTSのメッセージの重要性や社会的影響力を説明することもある。リプライをもらう人が負担に

感じないよう「関心のある部分だけ読んでください」というコメントが親切に添えられていることもあるのだ。スレッド機能を利用して自分の推しを紹介することは他のファンダムでも珍しくないが、ARMYとの違いは明確だ。

　グラミー賞を主催するレコーディング・アカデミーが過去に「あなたの人生を変えたアルバムとは？」という投稿をした際、多くのアーティストのファンがこのツイートに反応した。その中で、BTSのアルバムを挙げたファンに対し、「ジョークは止めて、真摯な音楽を挙げよう」というコメントが掲載された。その後、このスレッドにARMYが一気に集結し、BTSの曲がいかに自分の人生を変えたのか、次々に証言する現象が起こったのだ。このグラミーのツイートは、リツイート（共有）よりもリプライ（返信）が2倍以上多いという、珍しいケースとなった（イ・桑畑2021年6月8日）。内容も他のアーティストのファンは、歌のタイトルや簡潔な理由、写真やリンクを掲載するだけのコメントがほとんどであったのに対し、ARMYは歌詞の意味を紐解き、具体的にどのように自分の人生を変えたのか熱意をもって説明した。ARMYは、どのファンダムよりも語りたいことが多く、自分の意見を積極的に述べる集団と言える。

　Twitterを観察すると、ARMYの中で浄化作用が働いていることも見て取れる。世界的規模となり、多くのARMYがBTSに関して情報を発信するようになった中で、ルール違反を犯してしまうファンも出てきた。有料動画のアップロードや写真の無断加工など、一歩間違えれば刑事責任が生じるツイートも現れた。これを受けて、ARMYの間では注意喚起を行うという現象が起こっ

た。ARMYに属する他のユーザーが、使用方法や違法行為への注意点をまとめて拡散し、Twitter上でのARMYの活動がより良いものとなるよう呼び掛けるツイートも見られた。多種多様なARMYが存在する中で、ファンダムとしての質の低下や、アーティストに悪影響が及ぶことを避けつつ、Twitterを利用するのは決して容易ではない。ARMYは、互いに注意すべき点を共有し、交流を重ねることでより良い共同体になれるよう努力している。

物言うファンたちが見つけた壁の乗り越え方

　前述のとおり、BTSのファンコミュニティが極めてグローバルになったことで、ファンダム内での対立が生じる場面も見られ始めた。一例として2018年にメンバーのJIMINが着ていたTシャツに、日本への原爆投下の場面がプリントされていたことで非難が殺到し、日本でのプロモーション日程が一部、取り消された事態が挙げられる（吉野 2021年3月23日）。こうした軋轢は、年齢、人種、宗教など多様な人々で構成されるARMYにおいて、個々の構成員の背景の差異や歴史認識の違いによって生じる。このような対立はグローバルなファンダムの宿命なのであろうか？

　原爆Tシャツをめぐる問題で、ARMYは「White Paper Project」と呼ばれるプロジェクトを立ちあげ、133ページにも及ぶ白書を作成した。これは、5大陸にまたがる数十人のファンが集まり、数か月間の検討を経て作成されたものである。この問題の背景には、韓国にとっての第2次世界大戦の歴史が、日本の植民地支配からの解放であるため、原爆投下に対して日本のような特別な思い入れを抱いておらず、日韓両国間で歴史認識が異なることが挙

げられる。白書では、単に日本や韓国の責任追及にとどまらず、メディア報道の問題点や欧米帝国主義の責任、ユダヤ人団体の関与で表面化したホロコーストについてのアジア各国の認識不足、そして日本帝国主義が近代アジアに及ぼした影響について幅広く検討されている。加えて、欧米の人々が総じてアジアの歴史に無知なことも指摘し、様々な立場の反応を最大限公正に記述しようと努力し、

WHITE PAPER PROJECT

THE IMPACT OF A T-SHIRT:

BTS Meets Politics in a Digital World

ENGLISH

Version Two (December 6, 2018)

We do not represent the views or positions of Big Hit Entertainment, BTS, or ARMY as a whole. All opinions and errors are our own.

⚡@TeamWhitePaper

JIMIN の原爆 T シャツ問題をめぐる英語版『白書』の第2バージョンの表紙。「T シャツのインパクト：BTS がデジタル世界で政治学に出会う」との副題が付いている。「White Paper Project」チームの公式 Twitter「@TeamWhitePaper」より。

歴史・文化への理解が欠いた時、分裂がどれだけ深刻になるのかについても触れた内容となっている。

　この事例は、サイバースペースに関するフランス人理論家ピエール・レヴィが生み出した「集団的知性（集合知）」（collective intelligence）という用語で説明することができる。レヴィによると、「私たちの誰もがすべてを知ることはできないが、私たち一人ひとりは何かを知っている。そこで私たちが自分たちの持つ資源を出し合い、自分たちの技能を結びつけることで一人ひとりの知識をまとめることができる」（レヴィ 2015）。つまりファンたちは各コミュニティ内で団結し、情報を共有することで、知識共同

体を形成しているのだ。

　ARMYは原爆Tシャツ問題の際だけでなく、人種、宗教、ジェンダーなどに関して様々な問題が発生するたびに議論の場を設置し、互いの意見を発信することで、問題の解決に努めてきた。一国の観点から歴史を否定したり、他者を攻撃するのではなく、特定の集団間の対立を超えた知識と視点を共有することでこのような問題に前向きに向き合っている。こうした問題解決力は、大衆音楽のファンダムとしては過去に例がなく、ARMYの特徴の一つと言える。

　またBTSの活動をただ単に応援するだけではなく、BTSに賛同し、伴走するのがARMYの特徴でもある。ファンだからといって、無条件に肯定的な姿勢を示すのではなく、BTSの向かう方向性に疑問を抱いたり、社会的評価にマイナスになると感じたりすれば、遠慮なく不満をぶつける。2020年12月には、韓国のARMYたちがBTSの所属事務所が入るビルの前に、合同コンサートへの出演反対や翌年放送予定のドラマの制作中断を訴えるアドトラック（広告宣伝車）を配置した事例もある。ARMYの根底には「BTSの名を傷つけることはたとえ誰であっても許さない」という信念があり、BTSとARMYは垂直ではなく平行な関係であると言える。ARMYは単に、アイドルの後ろをついていく存在ではなく、BTSと相互に影響し合いながら、共に成長し続けようとする意識を持っている。その結果、ARMYは、BTSの名を冠した熱帯雨林の再生運動やLGBTQの活動のためのファンドレイジングなどの政治性を帯びた運動も行うようになった（*Esquire* 2020年11月30日）。アメリカでBLM（Black Lives Matter）

を掲げた人種差別抗議運動を支援しようと、BTSが100万ドルを寄付すると、ARMYたちは有志による慈善活動グループ「One in an ARMY」を立ち上げ、約1日で100万ドルを集めたことが注目を集めた（バユミ 2022年4月12日）。他にも、絶滅の危機に瀕しているクジラの保護や、ルワンダの子どもたちへのダンススクールを通じた援助、コロナ禍で困難に陥った遠隔地の子どもたちのためのリモート教育への資金集め等の様々な社会運動を行っている。

つまり、BTSとARMYは共闘し、人種差別や社会的偏見、社会の矛盾、新型コロナウイルス感染拡大などの様々な問題に立ち向かい世界を動かしていると言えるだろう。

共により良い世界を目指して

最後にARMYの「善」を促進するアクティビズムに注目する。ARMYは、BTSが表現する「ラディカルでポップな楽観主義」を掲げ、世界を癒すためのグローバルな資金調達キャンペーンを展開している。例えば、南アフリカのレイプ被害者救済や、エクアドルの植林事業のために資金を調達したことがある。2017年に始まったユニセフとBTSの児童・青少年に対する暴力根絶キャンペーンでは、32億ウォン（約3億3,000万円）を超える寄付がARMYから集まった。中国にはメンバーのVを応援する「CHINA Baidu Vbar」という大規模な団体が存在し、彼らは豊富な資金力をバックに寄付活動を行っている。2020年に各種団体に寄付した額は、総じて12億ウォン（約1億2,300万円）に達したという。コロナ禍では、中国・武漢の医療機関に7万枚の医療用マスクと医療物品を輸送する支援活動を行った（酒井 2021年1月

9日）。中国国内の教育環境改善を進めるプロジェクトに参加し、Vの本名であるテヒョンを用いた「テヒョン希望小学校」を建てるために50万元（約960万円）を寄付したこともある。

　ARMYがこのような行動に至る動機として、単なるBTSのイメージアップのためだけでなく、「BTSと一緒により良い世界を作りたい」という想いがある。他章で述べているとおりBTSは社会的な課題や深刻な問題に対し、独自のスタンスを示す。ARMYは、そんな彼らの姿に感銘を受け、一緒に成長しようとしている。BTSを通して単なる「楽しさ」だけでなく「自分自身も社会に貢献している充実感」を得ながら活動しているのだ。そして、この共通の善がBTSとARMY、ARMY構成員相互の結束を強めている一つの要因である。

　ここまでARMYとはどのような集団であるかを見てきたが、一言で言えば「高レベルの主体性と協調性を兼ね備えた集団」と理解することができるだろう。プロモーション活動の事例からもわかるとおり、ARMYはBTSのために、どのファンダムよりも主体的に行動する。一方で、衝突が発生した際には、自らの考えを貫き通すのではなく、議論の場を設けることで解決に向けて話し合うという協調的な一面も持っている。社会活動において非常に重要である主体性と協調性を兼ね備えたARMYは、理想的な集団の代表例と言えるだろう。また、彼らは共通の善を胸に、今よりさらに良いARMYであろうと努力を重ねる。

　ブラジルから「BTS学会」に参加したルイサ・ド・アマラルは、ARMYの連帯の強さについて「ファンの多くは自分の生まれ育った国よりもARMYというアイデンティティへの帰属意識

がある」と指摘した。実際に在日コリアン3世で、寄付活動を企画したARMYが以下のように語ったこともある。

> 「今までは集団への強い帰属意識を持つことは難しかった。でもアーミーというコミュニティに出合ったことで、自分のできることをやってみようと一歩を踏み出せるようになった。」（守 2021年3月8日）

このように壁がなく、全員が共通意識をもって取り組むARMYのアクティビズムはまさに超国家的であり、新たな世界を生み出している。ファンダムの内側に閉じこもるのではなく、世界における自分たちの存在価値を能動的に生産し続けながら拡散するARMYが、今後どのような道をたどり、世の中にどのような影響を与えていくのか、目が離せない。

📖参考文献

Reina Shimizu「BTSのARMYに象徴されるファンダムのポテンシャルとは？『コトバから考える社会とこれから』」、*VOGUE JAPAN*（2021年11月9日）、https://www.vogue.co.jp/change/article/words-matter-fandom（検索日：2022年2月3日）

菅原史稀「K-POPの『ファンダムの力』を考察：自主と連帯が生む熱狂と危険性」、*CINRA*（2020年1月28日）、https://www.cinra.net/column/202001-kpopfandom_gtmnmcl?page=2（検索日：2022年2月3日）

平井智尚「一般の人々によるメディア・コンテンツ生産の理論枠組

み：ファン研究の有効性」慶応義塾大学メディア・コミュニケーション研究所『メディア・コミュニケーション』第64号（2014年3月）

ゾーイ・フラード=ブラナー（Zoe Fraade-Blanar）／アローン・M・グレイザー（Aaron M. Glazer）『ファンダム・レボリューション：SNS時代の新たな発狂』早川書房、2017年

金成玟『K-POP新感覚のメディア』岩波新書、2018年

Henry Jenkins, *Textual Poachers: Television Fans & Participatory Culture*, Routledge, 1992

砂川誠司「『参加型文化』論からみたメディア・リテラシー教育の提唱」『広島大学大学院教育学部研究科紀要』第59号（2010年12月）

田中絵里菜『K-POPはなぜ世界を熱くするのか』朝日出版社、2021年

田中絵里菜「K-POPの発展を支えるファンダムの存在とは」、MARUI GROUP（2022年3月24日）、https://www.to-mare.com/fv/2022/k-pop.html（検索日：2022年10月20日）

イジヘン著、桑畑優香訳『BTSとARMYわたしたちは連帯する』イースト・プレス、2021年

イジヘン・桑畑優香「"黒人のルックス""東南アジア出身者の韓国語"をジョークに…韓国グループの『人種意識』を変えたBTSのファンの"底力"」文春オンライン（2021年6月8日）、https://bunshun.jp/articles/-/45874（検索日：2022年2月3日）

「ARMY CENSUS 2022 RESULTS!」「BTS ARMY CENSUS」公式YouTubeチャンネル（2022年7月10日）、https://www.youtube.com/watch?v=V4qqOR4QN2Q（検索日：2022年10月10日）

守真弓「宗教の域に近づくBTS、牧師も驚くその力熱烈なアーミーが社会を動かす」、The Asahi Shinbun GLOBE＋（2021年3月8日）、https://globe.asahi.com/article/14242324（検索日：2022年7月2日）

洪錫敬著、桑畑優香訳『BTSオン・ザ・ロード』玄光社、2021年

吉野太一郎「イ・ジヘンさんインタビュー世界的スターに押し上げた

ファンダム、その行動力と政治的志向とは」『好書好日』(2021年3月23日)、https://book.asahi.com/article/14290905(検索日：2022年2月3日)

生田綾「BTS（防弾少年団）、「ナチス帽」着用でユダヤ人権団体が抗議」『日本エディション』(2018年11月12日、https://www.huffingtonpost.jp/2018/11/12/bts-jewish-human-rights-group_a_23586954/（検索日：2022年2月3日)

ピエール・レヴィ著、米山優など訳『ポストメディア人類学に向けて──集合的知性』水声社、2015年

酒井美絵子「BTS熱狂的ファンの"自主的な"援護射撃『拡散』『善行』『見守り活動』とは？」、*AERA dot.*（2021年1月9日）、https://dot.asahi.com/aera/2021010700048.html?page=4（検索日：2022年7月2日)

「BTSのさらなる躍進に必要な『ARMY』の存在、そしてミッション」、*Esquire*（2020年11月30日）、https://www.esquire.com/jp/entertainment/music/a34816161/bts-explains-how-the-army-is-essential-to-keeping-the-band-and-its-mission-of-good-going/#（検索日：2022年7月2日)

ムスタファ・バユミ「K-POPが世界を救う（かも）」、*Newsweek*（『ニューズウィーク日本版』）第37巻15号（2022年4月12日)

イジヘン・桑畑優香「BTS関連のハッシュタグは1年で1億超え、BTSのファンARMYのPR能力はなぜ"別格"なのか」文春オンライン（2021年6月8日）、https://bunshun.jp/articles/-/45873（検索日：2022年2月3日)

第**9**章

永久平和に向かった 「嗜好共同体」？

カントの「美学」から考える BTSをめぐる世界

鮫島夏葉・安藤咲彩

地球上には今、BTSがツイートをすれば、リアルタイムでスマートフォンの着信音が鳴る、5,000万人近くのフォロワーたちが存在する。公式Instagramのフォロワー数は7,000万人を軽く超える。公式YouTubeチャンネル「BANGTANTV」の登録者数も7,000万人を超える。毎日のように、国境を越える彼／彼女たちは、BTSをめぐってSNS上に集まり、趣味と連帯感、そして価値観を共に育む。

　いったいなぜ、BTSは年齢・性別・人種の「壁」を越えて世界中の人々を熱狂させているのか。BTSが人々の感性に何をもたらしているのか。BTSが作り出したグローバルな「共感」の共同体は、いかなるものだろうか。BTSが人々の感性にもたらす「何か」や、BTSとARMYが作り上げた前代未聞の「嗜好共同体」を、とりわけドイツの哲学者カントの「美学」の観点から考えてみたい。

「美」の源泉

　本章ではまず、カントの『判断力批判』の「第一章　美しいものの分析論」で主張される「主観的普遍妥当性」がいかなるものであったかを考察し、その考察を通じてBTSが人々の感性に

1　とりわけ BANGTANTV の登録者数は近年、爆発的に増加してきた。2012 年 12 月 12 日にオープンされた BANGTANTV のチャンネル登録者数は、2015 年 11 月に初めて 100 万人を突破してから、2018 年 7 月に 1,000 万人、2019 年 6 月に 2,000 万人、2020 年 6 月に 3,000 万人、2021 年 6 月に 5,000 万人に達し、2022 年 12 月には 7,250 万人を記録した。BANGTANTV は、MV だけでなく、デビューしてからの BTS の楽屋での様子、練習風景、歌番組、メイキングやダンス動画など、数多くのコンテンツを提供している。

何をもたらしているのかを明確にする。第2に、カントの「センスス・コムニス」(sensus communis) 概念からなる共同体と、BTS ファンダムの行動について考察する。第3に、カントの「道徳的共同体論」について説明し、カントが描いた平和の共同体とBTS が作り出した嗜好や価値の共同体が、どのように絡みあっているのかを考えてみたい。

　本論に入る前に、キーワードとなる概念を簡単に説明しておく。人が何かを見たときに、「綺麗だ」という美的判断は主観的なものであるにもかかわらず、他の判断者のそれと共通することがある。例を挙げると、ARMYたちは、BTSのパフォーマンスや楽曲を見たり聞いたりして、「格好いい」とか「美しい」と感じる。彼らは必ずしも理性的思考の末にそのように感じたのではなく、自らの経験や知識、そして感覚に頼って本能的に「美しい」と感じる。これを「趣味判断」という。この「趣味判断」は「主観的普遍的妥当性」というやや難しい概念に基づく。「主観的普遍妥当性」とは美的判断が主観的であるが普遍性を有することを意味する。

　センスス・コムニスには概ね3つの概念がある。1つ目は「共通感覚」である。例えば、レモンと言えば何を思い浮かべるだろうか。その答えの大部分は、黄色いや酸っぱいといったものだろう。また多くの人々はそれを実際に食べなくとも、想像しただけで口に唾液が分泌される。これはレモンが酸っぱいと認識されていることが前提となるが、理性と感覚の間にある共通感覚によって起こる現象である。2つ目は、「常識」である。万人にとって、当たり前としての事実や感覚という意味での常識は、センス

ス・コムニスの考えを構成する一つの要素である。そして最後に、「判断能力」である。常識を常識として認識するための知的な判断能力としてセンスス・コムニスは存在し得る。

これら3つの概念は、センスス・コムニスが多義的かつ融合的に考えられてきたことを示唆するが、カントの場合は、著書『判断力批判』で、普遍的な美の判断力である「趣味」こそ、センスス・コムニスと呼ぶにふさわしいと主張している。換言すれば、カントは、センスス・コムニスを主観的普遍妥当性のある美的判断力を通した共通感覚と定義するのである（中村 1979, p.214）。

「主観的普遍妥当性」とBTS

カントは『判断力批判』の「第一章　美しいものの分析論」で、趣味判断は「主観的普遍妥当性」に基づくと論じている。「主観的普遍妥当性」を可能にする条件として、カントは、万人通有の「共通感覚」（gemeinschaftlicher sinn）という観念的規範を想定せざるを得ないと主張する。しかし、カントは「共通感覚」そのものについては明らかにしていない。

にもかかわらずカントは、「主観的普遍妥当性」を論じている。カントによれば、「主観的普遍妥当性」とは、例えば何か曲を聴いた時に、「この音楽がいい、好きだ」という趣味判断は、主観的な好き嫌いの判定ではなく、万人に共通する妥当な判定を自らもしているということである。しかし、その判断は必ずしも理性的ではない。

では、カントの「普遍的妥当性」を可能にする「共通感覚」という条件は、喜怒哀楽の感情を共有するという意味での「共

感」（empathy）[2]と類似すると考えられるだろうか。主観的普遍妥当性から考えると、趣味判断をする際、人間は直感的に、他の人と「共感」できるか、万人に受け入れられるものであるか、判断しているのであろう。すなわち、カントの言う「主観的普遍妥当性」から考えるならば、人間の趣味判断には「共感」が条件になると言えよう。本章では、こうした「共感」を、感情の読心能力として、人間関係を円滑に築くための基本能力と定義したい（福田 2008 年 12 月, pp. 45-58）。

　カントの想定した人間の趣味判断における「共感」に照らして「BTS 現象」を考察すると、BTS は人々に「共感」をもたらすことで多くの支持を得ていると言える。BTS の楽曲を聴いた多くの人々は、以下のような強烈な「共感」を表明しているからである（車 2022, p.4）。

「BTS がわたしの人生を変えました」

「絶望のどん底で誰にも慰めてもらえなかったとき、BTS の音楽を聴いて耐えました」

「目を背けてきた自分の姿をしっかり見つめ、愛すべきだと感じました」

「夢をあきらめるな、負けてもいい。そう言ってくれたことに感謝します」

2　現在の臨床心理学で使われる「共感」は、empathy の訳であり、sympathy に対応する日本語としては「同情」が用いられている（仲島 2006, p.279）。

「歌が癒しになると初めて気づきました。多くの人がBTSを知り、心が和みますように」

「BTSのお陰で善き人になれました。ありがとう」

　BTSが呼び起こしつつある「共感」はどこからくるのであろうか。第1に、BTSの楽曲の持つ音楽性とメッセージの普遍性である。すなわち、BTSの音楽は現代を生きる人々、とりわけ若者が普遍的に持つ感性や感情にフォーカスしており、的確にこうした需要に応えている。ここで「普遍的」というのはもちろん、「人種や地域、世代を超えて」ということを意味している。

　多くのアイドルグループが恋愛をテーマにした曲を歌っている中で、彼らのテーマは一線を画してきた。社会の中で生きていく自分を見つめ、葛藤や苦悩を乗り越え自分自身を成長させることを題材にしているからだ。「外国からやってきたスター」という点で、時にアメリカでBTSは「ビートルズの再来」とも言われるが、ビートルズの世界平和に対して、BTSは「自分を愛せ」というあまりにも普遍的なメッセージを発信する。

　さらに、BTSの楽曲は、社会への反発や不満など、より明確な意味をも織り込んでいる。BTSの初期の活動である「学校三部作」[3]シリーズでは、多くの学生、若年層が不満を募らせていた学歴至上主義社会に疑問を投げかける。未熟な若者が社会に揉まれ

3　「学校三部作」とは、デビュー間もない時期にリリースされた『2 COOL 4 SKOOL』『O!RUL8,2?』『SKOOL LUV AFFAIR』という3枚のアルバムのことである。画一的な競争社会に抑圧された青少年の心情を歌った、初期のBTSの作品である。

ながらも、自分の意志を貫こうと葛藤するような楽曲に、多くの若者が共感し、またかつて若者であった大人も共感していた。

　BTSは自らの経験や感情を包み隠さず曲にしてきた。今でこそ世界中で絶大な支持を得ているが、彼らのデビューは華々しいものではなかった。韓国にはSM・YG・JYPの3大事務所があり、これらの事務所からデビューをすればメディアで注目され、音楽番組でも有利な結果を得やすい。いわば、アイドルの成功への定石であった。だが、BTSは、Big Hitという無名の事務所出身で、メディアに注目されることもなく、彼らが掲げたヒップホップも、当時の韓国では大衆受けしない音楽のジャンルであったため、自国では十分に人気を得られなかった。しかし、彼らは自身のスタイルを貫き、アメリカ市場でそのスタイルと楽曲が認められた結果、今や世界中で絶大な人気を得るグループに成長した。こうした下克上的なストーリー、苦難を乗り越えトップに立ったという背景もまた、多くの人々から共感を得ている要素だと思われる。

　第2に、BTSが今、世界中を「共感」の渦に巻き込んでいる理由は、魅力的な歌とダンスだけではない。心に響くピュアで温かい、青白く澄んだ夜明けのような哲学と、心の底から悟ったヒューマニズムを彼らが有しているからだ。BTSは強烈な感情の一つである社会への怒りをあえて隠さなかった。例えば、BTSは、新型コロナウイルスのパンデミック局面で、世界的に横行したアジア人への差別に対し、以下のように公式の声明文を出した。

　　「私たちは、愛する人を亡くした方々に謹んで哀悼の意を表します。悲しみと怒りを感じています。私たちはアジア人であること

で差別に直面した時のことを思い出します。

私たちは理由なき罵り言葉に耐え、見た目を嘲笑されました。アジア人なのになぜ英語を話すのかと聞かれたことさえあります。そのような理由で憎悪や暴行の的になることの痛みは、筆舌に尽くし難いものです。

私たち自身の経験はこの数週間で起こった事件に比べれば取るに足らないことです。しかし自分たちを無力に感じ、自尊心が削られるのに十分なものでした。

現在起こっていることを、アジア人である私たちのアイデンティティと切り離して考えることはできません。

この問題について慎重に議論し、どのようにメッセージを発信するべきかじっくり考えました。私たちが声を出して伝えなければいけないことは、はっきりしています。

私たちは人種差別に反対します。私たちは暴力を非難します。あなたと私、そして私たちにはみな、尊敬される権利があります。共に立ち上がりましょう。」(Translation: Mitsuko Kanno, From Harper's BAZAAR.com)

　このように、BTS はアジア人差別に対し、自らの経験をも交えて抗議する声明文を発表した。メンバーがアジア人であり、問題と無縁でないことも、声明を出した一因と思われるが、声明の内容は、すべての人々が尊敬される権利があるというもので、アジア人だけでなく多くの人種、特にマイノリティの人々の間で広く共感を呼んだ。人種差別を始めとして、政治・社会的にセンシティブな問題について、アイドルのような立場の人々は、公式

の発言をためらうことが多い。対立がある状況で、一方の立場に立った場合、賛同しない側から少なからず批判を浴びるからである。またアイドルという職業は、ファンからすれば一種の偶像に近く、対立的な問題と切り離された存在であるべきだと考えられている。にもかかわらず、自らの意志を貫き、公式的な立場を表明した彼らの姿は世界中に影響を与えた。

しかし第3に、BTSの怒りは怒りの段階ではとどまらなかった。BTSの持つ最大の「共感力」は、むしろ自分自身を含む社会への怒りをモチベーションにして、より良い世界を求めてたゆまぬ努力を続け、人々を癒したことにあるだろう。BTSはコロナ禍以前から世界的な人気を博していたが、コロナ禍が人気拡大をさらに加速させたといっても過言ではない。コロナ禍で世界中が陰鬱な日々を送っていた時期に、BTSがリリースしたのが「Dynamite」だった。

明るく軽快なディスコポップであるこの曲は、「誰もがつらいこの時期に、一瞬であっても人々に希望の光と元気を届けられるように」というメンバーの思いが込められている。BTSとしては初の全編英語の歌詞で、世界中の人々がより親しみやすい楽曲として制作された。

2021年の夏には「Permission to Dance」という全編英語歌詞の楽曲をリリースした。題名を訳すと「踊るための許可」であり、一見、一部の限られた人のみがダンスをすることができるのか、と思うかもしれない。しかし、本作もコロナ禍で沈鬱な思いを抱える世界中の人々に、元気と勇気を吹き込もうとする楽曲になっている。歌詞には「Cause we don't need permission to dance」（なぜ

なら踊るのに許可はいらない）という一節があり、さらにダンスに手話が採用されている。ミュージック・ビデオ（MV）でも車いすに乗った人が手を使ってダンスをするなど、どのような人でもこの曲で楽しむことができることが表現されている。BTS は暗いコロナ禍のさなかに明るい楽曲で人々に勇気を与え、広範な共感を得たのである。

このように、BTS は、彼らのスタイル、ヒューマニズムに基づく率直で普遍的なメッセージによって、世界中の人々に多くの「共感」をもたらし、結果として、世界中から絶大なる支持を獲得した。BTS に触れた人は「主観的普遍妥当性」によってBTS に「共感」しているのだ。

センスス・コムニスと ARMY

前述のとおり、BTS が聞く人にもたらした「共感」によって、世界中の多くの人が魅了され、彼らを取り巻くファンとなった。カントは『判断力批判』の「第四十節　一種のセンスス・コムニスとしての趣味について」において、趣味判断の場面で用いた「共通感覚」と、ラテン語で表記された「センスス・コムニス」とを区別して考察している。この点について、哲学者の津上英輔（成蹊大学教授）は、以下のように説明している（津上 2011, pp.18-19）。

普通の人間知性（der gemeine Menschenverstand）と言えば、人は単に健全な（未だ開発されていない）知性として、人間という名を要求する人からともかくも期待できる最小限のものと思う。そこでこの概念は、普通感覚（der Gemeinsinn；sensus communis）という名をあてがわれるという侮辱的な栄誉に浴しもしているのである。しかし人は、sensus communis を、ある共通感覚の観念の意に、すなわちいわば全人間理性に照らして自分の判断を下すために、そしてそれを通じて次のような錯覚を逃れるために、反省に際して他人一人ひとりの表象法を思考の中で（in Gedanken；アー・プリオーリーに）顧慮するようなある判定能力の意に解さなければならない。その錯覚とは、主観的であるのに客観的と見られかねない諸個人条件のせいで、判断に対して好ましからぬ影響を及ぼすかもしれないようなものである。趣味は、健全な知性以上の大きな正当性をもってsensus communis と呼ばれうるし、感性的判断力は知的判断力以上に共通感覚の名を名乗ることができる。感情の単なる普遍的伝達可能性がそれ自体としてすでに我々への関心を含まざるを得ないと人が考えてよければ、趣味判断における感情がいわば義務として万人に要求されるのはどこからなのかを説明できるであろう。

　つまり、カントの考えるセンスス・コムニスという概念では、「普通の人間知性」が否定され、「共通感覚」が採用されたうえで、これに趣味すなわち感性的判断力の実質が与えられている。そして、我々が行う個々の感性的判断の基盤として「他人一人ひとり」とカントが言うとき、それは経験的なこの人、あの人ではなく、アー・プリオーリーに「思考」される人であるもの（津上 2011, p.19）が、そうしたセンスス・コムニスによってある種の「共同体」が想定されるのである。言い換えればカントは、感性的判断力に基づく「共通感覚」によって共同体が形成され、一番

良いと考えられる判断としてセンスス・コムニスが成り立つと主張していると言えよう。

カントは「我々への関心」として「人類」共同体を想定したと思われるが、共同体とは必ずしも平和というセンスス・コムニスに向かうものでなかった。共同体にとって何か脅威が迫った時、共同体はたびたび、一致団結してその脅威に立ち向かうからである。一致団結をするためには共同体の判断としてのセンスス・コムニスが要求され、それは強制に近づいていく。

ここに、センスス・コムニスの持つ危険性が浮かび上がる。センスス・コムニスが全体主義や、過激な思想に利用されやすいということである。代表的な例は、ナチス・ドイツやイタリア・ファシズム、戦時下の日本などに見られた、全体の目的のために国民が動員された全体主義の国々であると言える。特にアドルフ・ヒトラーというカリスマ的な独裁者を持っていたナチス・ドイツではまさに、「共感」がセンスス・コムニスの判断として強制されていた。

ナチス・ドイツの国民はヒトラーの何に「共感」したのだろうか。第一次世界大戦に敗北したドイツは講和条約によって経済的に打撃を受け、ドイツ国民も自信を失っていた。さらに、1929年に起こった世界恐慌により経済状況は悪化した。そんな中、ナチスの指導者であるヒトラーは、演説によってドイツ民族の優秀さを説き、ドイツ国民の自信を取り戻させたのである。ヒトラーは演説を得意とし、カリスマ性を備えていたため多くの支持を得ることができた。さらに、ヨーロッパの伝統的な反ユダヤ感情を利用し、ドイツ国民を一致団結させることに成功した。

ナチス・ドイツはユダヤ民族をドイツ社会から強制的に排除しようとした。有名なアウシュビッツ収容所の一部として作られたビルケナウ絶滅収容所のガス室では、毎日6,000人ものユダヤ人が殺されたといわれる。ナチスによって作られた共同体は、センスス・コムニスによって危険な共同体になった。ヒトラーというカリスマ的な指導者に共感することで形成されたナチス・ドイツ治下の国民は、国民としての意識を高めるとともに、ナチ党の対ユダヤ政策によって、差別をせざるを得ない状況に追い込まれた。ナチ党は、ユダヤ人を追放するためにユダヤ人を積極的に採用する会社に不当な攻撃を行っていた。社員や会社を守るために会社の社長はナチ党に入党し、ユダヤ人を解雇した。ユダヤ人が会社からいなくなることで、職を手にし、昇進するドイツ人もいた。ヒトラーは、反ユダヤ主義政策によってドイツ民衆がナチスに協力せざるを得ない状況をつくり、また協力することでドイツ民衆が利益を得られるようにした。このようにヒトラーが作り出した共同体は、強制によって個人の判断ができなくなった共同体になってしまったのだ（石田 2015, pp.249-254）。

　では、BTSというカリスマ的なアイドルに「共感」し集まってできたARMYという共同体は、いかなる共同体であるのか。ナチス・ドイツやファシストのような共同体とはどのような違いがあるのだろうか。

　現在、ARMYは世界中に散らばっており、その数は多くの国の人口をはるかに超えていると思われる。ARMYがここまで大きなファンダムに成長した背景には、彼らの楽曲やパフォーマンスの魅力ももちろんあるが、SNSを巧みに活用した効果も大きい。

BTS メンバーたちは常に自分を大事にしていると同時に、ファンに対する感謝も忘れない。メンバーたちが「ARMY」の文字を体で作っている。この場面は、大ヒット曲「Butter」の MV でも再現された。BIGHIT MUSIC の公式 NAVER POST（http://naver.me/FWJ7lwZh）より。

K-POP 全体に言えることだが、アイドルとファンを繋ぐ重大な役割を SNS が果たしている。

　BTS は「防弾少年団」時代から継続して、SNS を通じたコミュニケーションを活発に展開している。楽曲をリリースし、音楽番組へ出演するいわゆるカムバック期間には、ファンのみならず大衆へのアピールや宣伝を繰り広げ、該当期間以外は、独自の映像コンテンツ制作やライブ配信を通じてソーシャル・メディアへの露出を増やし、楽曲以外の面での魅力を提示する。それをARMY が SNS でさらに拡散させることで、ファンダムのさらなる成長につながった。

　こうして同じ美的共通感覚によって引き寄せられた ARMY は、

カントのいう「嗜好共同体」に近いものと言える。SNSが発展し、世界中の人々とたやすく意思疎通することが可能になった世界にあって、グローバルな規模のARMYという嗜好共同体の威力は絶大である。実際に、世界中のARMYは一致団結して様々な行動を起こしており、そこには政治的行動も含まれる。代表的な例を2つ挙げる。

第1に、「White Paper Project」である。BTSのメンバー JIMIN が韓国のバラエティー番組に出演した際の衣装で「原爆Tシャツ」と言われる、日本に原爆が投下された際のキノコ雲がデザインされた衣装を身に着けていたことが日本で問題となり、出演予定だった日本の音楽番組への出演が取り消されたことが発端だった。日本では、JIMINが「原爆Tシャツ」を着ていたという事実だけが、メディアで大きく取り上げられた。しかし、音楽番組出演取り消しをめぐって、世界各国のARMYが活発な行動を起こした。それが「White Paper Project」である。

5大陸にまたがる数十人のファンが集まり、数か月かけて作成した白書は「私たちは知識と討論の力を信じる平凡なBTSファンです」との前書きで始まる。この白書は、日本や韓国が悪いといった責任追及にとどまらず、欧米の帝国主義の責任、ユダヤ人団体の関与で表面化したホロコーストに対するアジア各国の認識不足、そして日本帝国主義が近代アジアに及ぼした影響にも触れている。欧米の人々が総じてアジアの歴史に無知なことも指摘されている（吉野 2021年3月23日）。

このように、BTSのファンとしてJIMINを守りたいのはもちろんだが、世界的規模なファンダムとして歴史的知識や背景にある

事実を学んで共有しつつ、何が問題なのか、本質は何なのかを考察している。「ホワイトペーパープロジェクト」からわかるとおり、世界規模の「知的」共同体であるARMYは、世界規模であるがゆえに歴史・文化の問題にも取り組む姿勢を見せた。また、このプロジェクトはBTSからの働きかけがあったわけではなく、ARMYの自発的な行動だった。

　第2に、トランプ前アメリカ大統領による選挙集会への妨害活動を取り上げよう。トランプ前大統領は、人種差別的な発言を繰り返すだけでなく、実際に差別主義的な政策を相次いで打ち出し、世界中の多くの人々から差別主義者と認識されていた。そんなトランプ氏の大統領選へ向けた集会を、ARMYが妨害し失敗に終わらせたのである。トランプ陣営は当該集会に、事前に100万人以上の申し込みがあったと豪語していたが、地元消防局が発表した実際の参加者はわずか6200人と陣営を当惑させる少なさだった（*AFPBBNews* 2020年6月24日）。

　集会の数日前から、TikTokやTwitterでは、トランプ氏の集会への大量予約を促す投稿が拡散し、何十万人もがそれを目にしていた。実際に参加する気はないのに集団で予約し、枠を埋めてしまう計画だった。投稿された動画の一つが、BTSのファンに、計画への参加を呼び掛けた。トランプ氏の集会妨害への参加も、SNSという誰もが参加しやすく、言い換えれば参加しない場合の心理的負担も軽いものであった。ARMYであるからといって、運動が強制されたわけではなく、自らの判断で選択が可能だった。結果的に計画が成功に終わったことから、ARMYは差別なき平和を望むファンダムであり、同じファンダムに所属しているからと

いって、他のARMYに何かを強制するような人々の集まりでないことも確認できる。

　以上2つの事例から、ARMYという共同体は多様性を持ち、強制力が作動しないことがわかる。世界中の人々がそれぞれ自らの趣味判断でBTSに「共感」し、ARMYになっていく。そして、ARMYから離脱することもまた自由である。つまり、ARMYというBTSに「共感」して集まった共同体は、構成員が世界中に広がり、莫大な力を持つに至った平和的共同体であると言えるだろう。

「道徳的共同体論」とBTSをめぐる「嗜好共同体」

　カントは『道徳形而上学原論』において、「目的の国」について主張している。「目的の国」とは、カントが理想とした道徳的共同体を指す。

> 理性的存在者は人格と呼ばれる、理性的存在者の本性は、この存在者をすでに目的自体として－換言すれば、単に手段として使用することを許さないようなあるものとして特示し、尊敬の対象となる。だから理性的存在者は主観的目的ではなく客観的目的である。客観的目的は、あるものの存在自体が目的であるようなものである。最高の実践的原理が存在すべきであるならば、それは普遍的な実践的法則として用いられるような原理でなければならない。この原理の根拠は「理性的存在者は目的自体として存在する」というところにある。人間は、自分自身を必然的にこのような存在と考えている。その限りで、この原理は人間の行為に対す

る主観的な原理である。実践的命法は「君自身の人格ならびに他のすべての人の人格に例外なく存するところの人間性を、いつでもまたいかなる場合にも同時に目的として使用し決して単なる手段として使用してはならない。（カント 1976, p.102）

　このようにカントは、すべての人間が相手の人格を手段としてだけではなく、目的として扱うことによって、互いの人間性を最大限に尊重し合って生きていく相互扶助的な関係を基盤に成り立つような共同体が、理想的であると主張した。つまり、カントの言う「目的の国」とは、人格を共同体の利益のための手段として利用するのではなく、人格を尊重し、人格を目的として行動し、存在する共同体であり、自らの意思で所属できるものであると言える。

　しかし現在、世界各国に存在する国民国家は、カントが理想とする「目的の国」ではない。なぜなら、人々は生まれた時点で国家を選択することができないからである。人々は、生まれた国の文化や伝統、慣習の中で当たり前のように生活する。国家の手段として労働させられていることに疑問を持たず、国家の手段として人々は働いている。このように、国家という共同体は、カントが理想とする「目的の国」とは言えない。

　では、カントが目指した「目的の国」は、BTSの作り出した「嗜好共同体」と一致するのだろうか？ ARMYは趣味判断によってBTSから感性に響く「共感」をもたらされ、魅了された人々である。ARMYとBTSが作り出した共同体は、自らの意思で所属することも離脱することも可能である。

一般的にアイドルにとってファンは、経済的な利益の源泉である。企業がアイドルをプロデュースし、アイドルという手段を使って稼ぐために、ファンを手段として扱うのは当然のことである。BTSにあっても、無名の事務所からデビューし、現在に至るまでには、ARMYがBTSに莫大な財を投じたことは言うまでもない。したがって、BTSが創出した共同体も、ファンの人格を手段として利用しているのではないか、と考える人もいるだろう。しかし、BTSの創り出した共同体内でのBTSとARMYの関係性は、人格を目的として互いに尊重しており、カントが理想とした姿に近いと言える部分が多い。

　BTSにとって、ARMYとは他のアイドルのファンと同様に、BTSのコンサートや音源に「自発的に」お金を投じてくれるファンである。しかし、それだけではない。BTSがここまで大きくなるには、世界中のARMYの積極的な行動が必要不可欠だった。例えば、BTSの提供するコンテンツは、世界中のファンが自発的に翻訳し、SNSで公開する。翻訳によって、BTSのコンテンツは世界中の人々が理解できるコンテンツとなる。ARMYの行動は、BTSのためであるのはもちろん、世界中のARMYのための行動でもある。韓国語を解さない他国のARMYのために翻訳をするのである。

　こうしたARMYによる「趣味判断」とセンスス・コムニスに基づく「自発的な」活動がなければ、BTSが全世界でこれほどの人気を得ることはなかっただろう。BTSとARMY、ARMYとARMYの関係は、なくてはならないものである。BTSは2018年のアメリカツアー中、国連でスピーチをする機会を得た。以下

は、BTSのリーダー RM によるスピーチの英語原文の一部である（UNICEF 2018年9月24日）。

Looking back, that's when I began to worry about what other people thought of me and started seeing myself through their eyes. I stopped looking up at the stars at night. I stopped daydreaming. I tried to jam myself into moulds that other people made. Soon, I began to shut out my own voice and started to listen to the voices of others. No one called out my name, and neither did I. My heart stopped and my eyes closed shut. So, like this, I, we, all lost our names. We became like ghosts.

（振り返ってみると、周りからどう思われているのか、どう見られているのかを気にしはじめたのはそのときでした。夜空の星たちを見上げることをやめ、空想に耽るのもやめました。人々が思い描く理想像に自分を当てはめようとしました。するとすぐに、自分の声ではなく人々の声だけが聞こえてくるようになったのです。誰もが、僕自身ですら僕の名前を呼びませんでした。僕の心は動くのをやめ、僕は目を閉じました。こうして、僕は、僕たちはみんな名前を失ったのです。まるで幽霊のように。）

I had one sanctuary, and that was music. There was a small voice in me that said, 'Wake up, man, and listen to yourself!" But it took me a long time to hear music calling my name.

（僕には一つだけ、音楽という逃げ場がありました。僕の中から聞こえてくる小さな声が、「立ち上がれ、そして自分の声に耳を傾けろ」と言っていました。ですが、その声に気づくには長い時

間が必要でした。）

（中略）

Maybe I made a mistake yesterday, but yesterday's me is still me. I am who I am today, with all my faults. Tomorrow I might be a tiny bit wiser, and that's me, too. These faults and mistakes are what I am, making up the brightest stars in the constellation of my life. I have come to love myself for who I was, who I am, and who I hope to become.

（昨日、ミスをしてしまった気がします。しかし昨日の僕も僕なのです。今までの失態も全部含めて、今日の僕があります。明日の僕は、今日より少しだけ賢くなっているかもしれませんが、僕であることに変わりはありません。これらの失敗と失態は、僕の人生という星座の中で一番明るい星を構成する僕の一部なのです。僕は過去、現在、そして未来の僕を愛するようになりました。）

I would like to say one last thing.

（最後に一つ、言いたいことがあります。）

After releasing the "Love Yourself" albums and launching the "Love Myself" campaign, we started to hear remarkable stories from our fans all over the world, how our message helped them overcome their hardships in life and start loving themselves. These stories constantly remind us of our responsibility.

（あれは、『Love Yourself』というアルバムをリリースして、『Love Myself』キャンペーンをローンチした後でした。僕たちは世界中のファンから、僕たちのメッセージが人生における困難に打ち勝ち、自分自身を愛し始めるきっかけになったという素晴ら

しい話を聞きました。この話は、今もなお、僕たちの存在理由を思い出させてくれます。）

So, let's all take one more step. We have learned to love ourselves, so now I urge you to "speak yourself."

（だからこそ、次のステップを踏み出しましょう。自分自身の愛し方を知った今、僕はあなた自身に語りかけてほしいのです。）

I would like to ask all of you. What is your name? What excites you and makes your heartbeat?

Tell me your story. I want to hear your voice, and I want to hear your conviction. No matter who you are, where you're from, your skin colour, gender identity: speak yourself.

（あなたたち全員に問いたい。あなたの名前は何ですか。あなたが楽しいと思うことは、あなたの生きがいは何ですか。あなたの話を聞かせてください。あなた自身の声を、信念を聞きたいのです。あなたがどんな人なのか、あなたの国籍はどこなのか、肌の色や性自認は関係ありません、あなた自身に語りかけてください。）

Find your name, find your voice by speaking yourself.

（自分との対話で、あなたの名前と声を見つけ出してください。）

（中略）

I have many faults and I have many fears, but I am going to embrace myself as hard as I can, and I'm starting to love myself, little by little.

（僕には、多くの失敗と多くの恐れがあります。しかし、僕は僕自身をできる限り大事にして、少しずつですが愛していこうと思います。）

RMによるこのスピーチは、「Speak Yourselfスピーチ」と呼ばれ、「周りの声を聴くのではなく、自分自身の内なる声に耳を傾けよう」と若者に呼び掛けている。このスピーチは当然のことながら、RM個人の経験や感性からなるものであったが、多くの人々を感動させた。それは、自分自身を大切にしてほしいというこのメッセージを人々に主観的に受け入れさせるのに成功したことを差す。「あなた自身」という語りかけによって、人々は自分の経験とリンクさせて主観的にこのスピーチを捉え直すが、やがて共感の輪を拡大していく。こうした意味で、聞き手の人々、とりわけARMYはたんに、アイドルのRMやBTSに「ついていく存在」でもなければ、「一様な存在」でもない。しかし、このメッセージに接した人々は「身内」の延長として、主観的な普遍性をもって繋がるのである。

　BTSはこのように、主観的であると同時に普遍的な価値を発信し続けた。例えば、2018年10月6日に行われたアメリカのニューヨーク・シティ・フィールド公演では、自分とBTSの音楽を使って、自分自身を愛するようになってほしいという願いをファンに伝えた。

> 「意図したわけではありませんが、僕たちは自分を愛するために皆さんを利用しているような気がします。だからひとこと言わせてください。どうか僕を、そしてBTSを使って自分自身を愛してください。なぜなら皆さんの存在が僕に、毎日自分を愛するようにと教えてくれるからです。」（ハーマン 2021, p.60）

BTSの発言やスピーチから、BTSはファンを尊重していることがわかる。特に、「僕たちは、自分自身を愛するために皆さんを利用しているような気がする」という発言からは、BTSの謙虚さ、誠実さが窺える。このように、BTSとARMY、ARMYとARMYは、互いの存在を尊重し合う関係性にあると理解できる。これはカントが目指した、すべての人間が相手の人格を手段としてだけではなく、目的として扱うことによって、互いの人間性を最大限に尊重し合って生きていくという相互扶助的な関係を基盤に成り立つ共同体と言えるのではないだろうか。また、BTSが作り出した共同体は、カントが哲学的に描き続けた、暴力のない平和的な共同体なのではないか、と。

「美」の共同体へ

　BTSの歌やパフォーマンス、リリックスを感覚的に鑑賞した人々は「様式美」を楽しむ。他方、歌に込められたメタファーについて知りたい人々は、より深い思惟を要する「内容の美」の世界を堪能する。BTSは音楽を通じて人々に楽しさを与えるだけでなく、魂を導いていく。そしてBTSを取り巻く前代未聞の「美」への共感に包まれた「嗜好共同体」が地球上に誕生した。この共同体は、「共通感覚」に基づきながらも開かれており、全体主義に還元されない。

　2017年7月にBTSは、BTSの名に「Beyond The Scene」という意味を加えた。ここには、「現実を超えて夢に向かって絶えず進み、成長している青春」という意味が込められている。BTSをめぐる「嗜好共同体」には、どのような未来が待っているだろうか。

BTSが2022年3月に開催された「PERMISSION TO DANCE ON STAGE-SEOUL」にてファンたちに感謝の気持ちを伝えている。BTS公式twitter「@bts_bighit」より（2022年3月10日）。©BIGHIT MUSIC/HYBE, All Rights Reserved.

BTSが人々の感性に様々なアプローチによって呼び起こす「共感」は、カントの言うセンスス・コムニスからなる共同体を具現しているのではないだろうか。

　そして、BTSとARMYによる共同体は、水平的かつ開かれた「美学的共同体」として、互いへの尊重で成り立っていることなどから、カントの言う「道徳的共同体論」からみても、「目的の国」に近い存在ではないだろうか。BTSが作り出すものは、人々を幸せにするものであり、その共同体はあくまでも平和的である。これはカントが夢見た永遠平和にもつながるのではないだろうか。

◇ 参考文献

中村雄二『共通感覚論』岩波書店、1979年

仲島陽一『共感の思想史』創風社、2006年

福田正治「共感と感情コミュニケーション（Ⅰ）：共感の基礎」富山大学杉谷キャンパス一般教育編『研究紀要』第36号（2008年12月）

車ミンジュ著、桑畑優香訳『BTSを哲学する』かんき出版、2022年

津上英浦「Sensus communis再考：共感に立つ美学に向けて」「美学会」講演資料（2011年）

タマール・ハーマン著、脇田理央訳『Blood, Sweat & Tears——BTSのすべて』誠文堂新光社、2021年

カント著、篠田英雄訳『道徳形而上学原論』岩波書店、1976年

石田勇治『ヒトラーとナチ・ドイツ』講談現代新書、2015年

吉野太一郎「イ・ジヘンさんインタビュー：世界的スターに押し上げたファンダム、その行動力と政治的志向とは」『好書好日』（2021年3月23日）、https://book.asahi.com/article/14290905（検索日：2022年6月20日）

「トランプ氏集会を偽予約で妨害 Kポップファンの政治意識に注目」、*AFPBBNews*（2020年6月24日）、https://www.afpbb.com/articles/-/3290079（検索日：2022年6月12日）

「世界中の若者たちへBTS防弾少年団が国連総会で行ったスピーチ #GenerationUnlimited（無限の可能性を秘めた世代）」、*UNICEF*（2018年9月24日）、https://www.unicef.or.jp/news/2018/0160.html（検索日：2021年12月25日）

エピローグ

「BTSへの旅」を 振り返って

李東俊

BTSについて書くとは夢にも思っていなかった。しかも、BTSをめぐって大学のゼミ生と2年間にわたって「格闘」し、書物を出すに至るとは想像もしていなかった。だが、振り返れば、偶然の積み重なりも、いつの間にかすべての出来事が必然的な流れだったと思うようになった。すでに多くの人々が身をもって経験したように、BTSを取り上げることは、その「沼」に落ちることをも覚悟しなければならない、必然的な冒険だったからだ。

コロナ禍が猛威を振るう2020年11月、東京・新宿駅近くの居酒屋で筆者は、旧知の野元賢一・日本経済新聞記者から、BTSについて猛烈に「説教」されていた。野元記者は平素から文化やスポーツから政治に至るまで、韓国の諸事情に深い関心を示しており、BTSについては、語らずにはいられないという姿勢で、まるで世の中を驚かせる大発見でもしたかのように、自説を唱えていた。

「いま世の中は、BTSを知る人と知らない人、2つに分けられ

るのではないか。BTSは単なる韓国発の錚々たるアイドルではない。もはや時代精神を作り上げるフロンティアとして、時代のアイコン、シンボルとして進化したのだ。人々の好みにあう新しい音楽と時代に即した世界観に、多くの人々が熱狂している。その熱狂には、この時代、そして次の時代に生きる人々の心を理解するヒントが詰まっている。したがって、BTSを知らないことは『いまここ』とこれからの世の中を知らないことに等しい。まだBTSを知らないなら、その魅力を知っておくべきだ。とりあえず、勉強して下さい」と。

　BTSから一つの時代の支配的な精神傾向を指す「時代精神」（Zeitgeist）を読み取ったという野元記者の話は極めて刺激的だった。当時BTSを知らなかった筆者は、時代の空気を読めない、時代遅れの人間となったからだ。野元記者の「BTS論」を聞きながら、その1年半前、韓国の友人A氏から似通った「説教」を受けたことを思い出した。というのも、東洋哲学者として著名なA氏はそろそろ定年を迎える年齢に至って、すでにBTSに「沼落ち」しており、そのハマり方も尋常ではなかった。A氏は大学院の弟子たちの誘いに、いやいやながら訪れたBTSのコンサートを目の前で見た際の衝撃についてこう言った。

　「BTSは、K-POPの華やかでキラキラしたイメージとは相当に対照的だった。彼らのコンサートはストレートかつリアルな感情が満ち溢れた、古代ギリシアの演劇舞台のようだった。後で数えてみたら、いつも鈍感なふりをしてきた自分が、3回にわたって自己反省と興奮を伴う悟りの起伏を経験した。まず、刃物のように鋭く、切れのいい群舞と、それに完璧に合う歌の実力に、びっ

くり仰天。これまで鍛錬を重ねてきた7人の完成度の高いダンスについては聞いたことがあったが、実際に目の前で見ると、想像を絶するレベルだった。血・汗・涙がやたらに飛び出し、肌を刺すようだった。彼らは、まさに命を懸けて踊り、歌っていた。これほど崇高なパフォーマンスは人間たるものによる必死の叫び、壮絶な悲劇にほかならない。私は何となく恥ずかしくて身の置き所がないようになって、うつむくしかなかった。BTSのメンバーたちはそれほど真摯に世の中と向き合っているのに、学者たる自分は何をしているのか。自分と世を騙して、これほど長く食べてきたのではないか。BTSが私の奥深いところに眠っていた何かを揺り起こしたのだ。なんとか頭を上げたが、我知らず涙が絶え間なく流れた。やがて号泣してしまった。でも、嬉しかった。隣を見渡すと、みんな歓喜に満ち溢れていた。この感情、アリストテレスの言ったカタルシスではないだろうか。自分たちが浄化されたのだから」と。

楽しむ前に知ってほしい存在？

　本書は、このようにBTSに関する強烈な経験に基づく「説教」に偶然に接したことを発端に芽を吹いた。特に「勉強して下さい」という野元記者の半ば挑発的な「同化圧力」に屈し、筆者は「BTS学」へ入門することになった。それまで知らぬ顔をしてきたが、BTSは極めて身近な生活空間、特にソーシャル・メディアでは至るところで存在感を示していた。特に韓国の最大手ポータルサイトNAVERのV LIVEを介して初めて出会ったBTSはアーティストとしても、とてつもなく強く、激しい印象を放った。

2019年6月1日、BTSメンバーたちは世界のポップスの聖地であり、ミュージシャンには夢の舞台とも呼ばれるイギリス・ロンドンのウェンブリー・スタジアムに立った。映画『ボヘミアン・ラプソディ』でおなじみの20世紀最大のチャリティーコンサート「ライブエイド」が開催され、マイケル・ジャクソン、マドンナ、ワン・ダイレクション、エミネム、エド・シーラン、ビヨンセなど、ポップスターの中でも世界的人気を誇るアーティストだけが立つことを許されたこのステージに、BTSは、古代ギリシアの神殿を再現したセットを背景に「Dionysus」を歌いながら華麗に登場した。ブドウ酒の技を用いて、世界中に自分の神性を認めさせたディオニソスの再臨を待ち望んだかのように、ファンたちは一斉に歓喜の声を上げた。

　誰も逆らえない魔法のパーティーが始まったのだ。この日BTSは、「Not Today」「IDOL」「FAKE LOVE」など、およそ30に及ぶヒット曲をすべて生歌で、事もなげに披露した。そのリアルさが噴き出すエネルギーはカメラを突き通すほど強力で、説明がつかないほど新鮮だった。ウェンブリー・スタジアムは渾然一体となって盛り上がりの極致に向かっていった。ファンは「転んで傷ついて辛くても、夢に向かって終わりなく走り続ける」（「EPILOGUE : Young Forever」、2016年）と、韓国語で合唱した。新たな「伝説」の降臨であり、BTSとともに、人々はまさに「浄化」されていった。

　BTSの何がこれほど人々を魅了するのか。人の心を動かすのは、何をさておいてもBTSの存在自体だろう。個性豊かな7名からなるBTSの「唯一無二」の存在それ自体、すなわち彼らなりの真

正さ（authenticity）と、それに沿った真摯な行動自体が、共感を呼ぶ最大の源である。人々の心を動かすBTSの魔法は、他ならぬ彼ら自身とそのありのままの生き方なのだ。ディオニソスがアルコールで世の中を酩酊状態にさせたとすれば、BTSはスターにありがちな神秘主義を否定し、むしろ自らの体験や思いを包み隠さず歌にすることで人々を喜ばせる。しかもBTSは、普通のアイドルなら忌避する社会的イシューについても、率直なメッセージを発することで、世代、職業、人種、性別にかかわりなく幅広いスペクトラムのファンダムを作り上げた。筆者はいつの間にか、この不思議な現象からなかなか目が離せない自分自身を、当たり前のように受け入れていた。

「寒い冬の終わりを迎え　もう一度春の日が来る時まで　花が咲く時まで　そこにもう少し待ってよ　待ってよ」。これは、大衆音楽専門雑誌*Rolling Stone*が選定した「BTS名曲100」（100 Greatest BTS Songs）のうち1番にある「봄날（Spring Day）」（2017年）の一節だが、これほど鮮やかに悲しみと憧れ、希望を歌った曲を聞いたことがない。BTSはこれほど詩的で、凄絶な物語をどこから得たのだろうか。

「Spring Day」のモチーフの一つは儚さの象徴とも言える桜だ。世の中に永遠なものは永遠にない。時間とともに我々は変わっていき、私とあなたは少しずつ離れていく。しかし私はそのようなあなたを一日も忘れられない。今もまだあなたを見送れそうにない。時間はこのように空しく流れる。にもかかわらず、我々が何か安らぎを見出すとき、一縷の望みはつながれ、いつの間にか桜のように花開くだろう。冬は身を切るほど寒くて暗鬱だが、これ

も「永遠には続かない」こと、いまを大切にしていけば桜のように また春を迎えることを、我々は心を込めて確かめておきたい。

Twitter には「#BTSisNotYourAverageBoyBand」（BTS は あなた が思う普通のボーイズバンドではない）というハッシュタグがある。クリックすると、「BTSの音楽が人生を変えた」「BTSが自分を救った」と打ち明ける人々の告白が止めどなく続く。アメリカのある30代の黒人女性は、「韓国のボーイズバンドにはまったということで周りから白い目で見られるが、まったく気にしない。BTSの音楽を通じて勇気づけられ、自分を愛することの大切さを学んだから」と綴っている。あまりにも多くの人々が、人生でもっとも必要な時期にBTSと出会えて本当によかったと述べる。世界の彼／彼女にとってBTSの存在と音楽は、絶望のなかで生きる意味を見出した「光」のようだ。

BTSのミュージック・ビデオ（MV）を一つひとつ辿っていく間に、筆者は、そこに大河ドラマのような巨大な、私とあなた、そして人々の物語が秘められていることに気づいた。また、その「蜘蛛の巣」のように複雑なストーリーテリングは、楽曲を補完するだけでなく、MV自体にまったく新しい命、すなわち「いまここ」に関する新鮮な知恵を吹き込んでいることがわかった。普通の恋愛に関する楽曲であっても、自分自身と周りの世界に対する省察を求めることこそ、BTSならではの魅力で、持ち味ではないだろうか。だからこそ、かくも多くの人々が共感し、熱く反応するのだろう。これは、単に新たなポップ・カルチャーにとどまらず、新しい考え方や知識体系、ひいては「新文明」の兆候とも言えるのではないか。

BTSについて考える仕事は非常に創造的で、生産的な行為だった。「Mikrokosmos（小宇宙）」（2019年）を聴きながら、「君を眺めながら」、そして「もっとも深い夜にもっとも輝く光」を「夢見る」私とあなたを想像することは、ある意味では、人の常だろう。たしかに、BTSは、楽しむだけでなく、何かを、とりわけ聞き手自身と周囲についてまで考えさせる、魅力の持ち主だった。BTSとBTSを取り巻く「BTS現象」は、知れば知るほど、私と社会、そして世界について「知的」好奇心を掻き立てる想像力の宝庫だった。今にして思えば必然の帰結だったかもしれないが、筆者もBTSという「沼」にはまる敷居を、自ら踏み越えていた。

BTSの物語、これからも続く

2021年4月、新学期を迎えて新たに立ち上がった大学のゼミナールで、BTSを一緒に学ぶことをゼミ生たちに正式に提案した。北九州市立大学・外国語学部・国際関係学科に属する筆者のゼミ生17名のほとんどは、教員の筆者よりはるかに以前からBTSを詳しく知っており、一部はARMYを自認していた。こうしてもっぱらBTSを探求するための2年間にわたる長い旅が始まった。前述の野元記者も、当ゼミに時折参加して助言し、ゼミ生たちの研究成果についてもきめ細かくコメントするなど、私たちの「BTSを学ぶ旅」を最後まで応援してくれた。深く感謝したい。

BTSは何者であり、いかにしてあれほど力強く、多様性と普遍性に満ちたグローバルな現象を起こすことができたのだろうか。また、BTSと、BTSをめぐる様々な現象はそもそも何であり、それらはいったい何を示唆するのか。本書は、こうした疑問点をで

きる限り幅広く、そして深く掘り下げていくための、大学生たちによる「素朴な」試みである。

ここで「素朴な」という控えめな修飾語を付け加えたが、だからといって、本書がBTSを単に賛美し、彼らへの忠誠心のみを綴ったということではない。「プロローグ」でも述べたが、本書は、BTSと「BTS現象」を「学際的に」理解しようとする「BTS学」（BTSology）を追求したものである。いちアイドルグループをめぐって「学」云々を語ることに、必ずしも好意的でない方々もいると思われるが、本書の中で折に触れて詳しく述べているとおり、そもそも「BTS現象」はそうした違和感や心の「壁」を突破して初めて、その姿を顕す領域なのである。

2020年から世界各国は、新型コロナウイルスという感染症から自国民を守るべく、次々に国境を閉ざしていった。さらに、経済覇権や台湾問題をめぐる米中対決の深化、そしてウクライナ戦争などにより、世界は他者への恐怖を募らせ、またも分裂を極めつつある。地球を一つの共同体と捉え、世界の一体化を図ろうとしたグローバリズムはもはや終わったかに見える。しかし、そんな中でも世界は一つに繋がっていることを、「BTS現象」は雄弁に物語っている。

BTS公式YouTubeチャンネルのBANGTANTVの登録者数を基準にすれば、2022年12月現在、少なくとも7,000万以上の地球市民がBTSと「同時代」を共有している。日本国内にも少なくとも1,300万人以上がBTSを中心とした生態系に住んでいる（BTS JAPAN オフィシャルTwitterの「@BTS_jp_official」フォロワー数は2022年12月20日現在、1,354万人）。これほど多くの世界の彼／彼

女たちが、BTSをめぐる物語を、国境と言語、人種の境界を越えた普遍的なものとして受け入れ、日々共有しているのである。

　BTSの物語は韓国という地域的・民族的特殊性に起因するいわゆる「Kのジレンマ」をも軽々と乗り越え、クロスオーバーを重ねて新たな嗜好共同体を創り上げている。絆を失い、不安に満ちた時代に、世界の人々はBTSから伝わる「君のままで大丈夫」という癒しのメッセージに安らぎを覚え、連帯して前へと進む。自分が自分でいられなかった多くの人々が、自分を愛し、それを語り、他者と共有することの大切さに気づき、心理的な一体感にたどり着いたのである。

　2021年10月24日にBTSが行ったオンラインコンサート「BTS PERMISSION TO DANCE ON STAGE」には、197か国のARMYが参加した。この数は2022年現在の国際連合加盟国数（193か国）よりも多い。BTSとARMYが作り上げたこの世界では、依然としてグローバリズムは生きており、成長し続けている。

　ある評論家は、BTSがこれほど成功した最大の理由として、SNSを取り上げる。2021年に世界最多のリツイート（RT）を記録したのは、アジア人に対するヘイトクライムが深刻化していた3月30日にBTSが「人種差別に反対する」と発信したツイートだった。SNS上でBTSは、いかなる政治家よりも強力な影響力を発揮し、BTS関連ワードは常に世界の話題を席巻する。

　しかしSNSというものはあくまでも、人気獲得の手段や背景、尺度にすぎず、「BTS現象」の本質とは言えない。しかも「BTS現象」は、日本のマスコミがよく指摘するような、韓国政府の韓流政策やアイドル業界のプロデューシングシステムの成果でもな

ければ、BTSの素晴らしいルックスや優れた音楽的実力のみで生じたアイドル・シンドロームでもない。

この疑問にBTSはこう答える。「バンタンの成功の理由？　俺も知らない　そんなの何処にあるんだよ　俺たちは夢中になって走ったんだよ　何と言われても走ったんだよ　答えはここにあるよ　ハハハ」（「Run BTS（달려라 방탄）」、2022年）と。皮肉にも、BTSメンバーたちも自分たちの成功の理由を挙げられず、探り続けているようだ。

ただし、より重要で明確な事実は、必死になって走るBTSを、ARMYという国境を越えた多くの人々が応援し、これからもBTSと共に走っていくことである。BTSとARMYの伴走は、これからのBTSメンバーたちの兵役履行により、その動きが沈静化するようにも見える。しかし、「俺たちはちょっと早い」と何気なく自慢するBTSはあっという間に「もう行こう　準備はいいか」と、ARMYたちを目覚めさせるだろう。

BTSとARMYが共に築き上げるこの現象はいったいいかなるものなのか。本書を締めくくるべき段階に至っても、正直なところ、この根本的な問いに十分に答えたという自信はない。

朝鮮半島をめぐる政治を専門とする筆者はもちろん、本書に携わった17人の書き手はいずれも音楽、とりわけポップスの専門家ではない。したがって、本書の書き手は、多くのARMYたちが常にそうであるように、BTSが日々つくりだす様々な創作物を堪能しながら、同時にARMYやメディアが呼応して生産する数限りない分量のコンテンツ、さらに多岐にわたる関連研究者の分析に至るまで、追い続けるほかなかった。BTSメンバーはもちろ

ん、ARMYたちの生活も同じであろうが、「BTS現象」を理解しようとした私たちゼミナールの活動もまた、多忙を極めた。BTSを楽しむことも、彼らの真心を学ぶことも、途方もない時間と労力を要する仕事であった。大学4年生として、コロナ禍のただ中の就職活動の難しさに翻弄されながらも、BTSについて考える日々を重ねた17人の書き手の労苦を、まずはねぎらい、拍手を送りたい。

2年間にわたる当ゼミのこうした取り組みは、BTSと「BTS現象」に対する素朴な探求の旅であり、答えのない「学習」を続ける冒険でもあった。本書は、BTSを通じて「いまここ」を学んだ末の中間報告書であり、私たちなりの「BTS学」入門書である。キリがいいところまでやらないと気が済まないのは人の常だが、学習には物足りなさがつきものだ。本書が、BTSとARMYが紡いでいく膨大な時代の物語につながり、これを起点にさらなる物語が編まれていくことを心から望む。本書を読み終えた時、ARMYはもちろん、BTSを知らなかったより多くの人々が、私たちの描いた「BTS学」を、新たに定義してくれれば、望外の喜びである。

最後に、何よりも本書の試みを学術的に評価し、潔く出版を決意してくださった明石書店の安田伸・取締役編集部長、地味な編集の道のりを伴走していただいた黄唯氏に、心より感謝したい。なお、本書におけるBTSの肖像や著作物に対する使用を熟量の上、法的に承認してくれたHYBE社にも深く謝意を表したい。旅は道連れ、世は情け。お陰さまで、われわれの「BTSへの旅」は、「紫する」はずの次の旅へと動き出す。

編著者

北九州市立大学 李東俊ゼミナール

　　外国語学部・国際関係学科の3・4年生が所属するゼミナールとして、主として朝鮮半島をめぐる政治・外交・文化について学び、考え、語り合う。本ゼミの最大目標は、ゼミ生それぞれが納得のいく卒業論文を仕上げること。本書は、2021〜2022年度在籍のゼミ生有志17名が2年間にわたり「BTS現象」を探求・学習したことを取りまとめた研究成果である。

　　本ゼミの指導教員である李東俊（り・どんじゅん）は、北九州市立大学准教授（朝鮮半島政治外交専門）。主著に、『未完の平和』（法政大学出版局、2010年、大平正芳記念賞・アジア太平洋研究賞）、『미완의해방』〔未完の解放〕（共編著、亜研出版部、2013年）、『일한 국교정상화교섭의 기록』〔日韓国交正常化交渉の記録〕（編訳書、三仁出版社、2015年）、等々がある。

本書の著者たち。
前列左から、今浪ユリヤ、川野友里亜、小吉美彩貴、近藤碧、鮫島夏葉、李東俊。
後列左から、太田雅子、藤本風歌、藤岡李香、塚盛可蓮、風呂中里菜、泉咲都季、木村愛結、星野光晴、田村凜香、金ミンジ、安藤咲彩、眞名子優斗。

「BTS学」への招待──大学生と考えるBTSシンドローム

2023年3月15日　初版第1刷発行

編著者　北九州市立大学
　　　　李東俊ゼミナール

発行者　大　江　道　雅

発行所　株式会社　明石書店
〒101-0021 東京都千代田区外神田6-9-5
電　話　03 (5818) 1171
FAX　03 (5818) 1174
振　替　00100-7-24505
https://www.akashi.co.jp/

装　丁　　明石書店デザイン室
印刷・製本　モリモト印刷株式会社

（定価はカバーに表示してあります）　　　　ISBN 978-4-7503-5550-4

〈価格は本体価格です〉